TABLE DES MATIÈRES

Relecture : Emmanuelle Brengard
Journaliste en presse équestre

ISBN : 978-2-215-10436-0 - MDS 660677

Dépôt légal à la date de parution.
Conforme à la loi n° 49-956 du 16 juillet 1949
sur les publications destinées à la jeunesse.
Imprimé en Italie (03/10).

POURQUOI COMMENT

LES CHEVAUX

Conception :
Émilie Beaumont

Textes :
Patricia Reinig

Images :
Yves Lequesne

FLEURUS

FLEURUS ÉDITIONS, 15-17 rue Moussorgski 75018 PARIS
www.fleurusedtions.com

Origine et préhistoire

- *Les ancêtres des chevaux vivaient il y a 55 millions d'années. Les dinosaures avaient disparu depuis longtemps et les hommes n'existaient pas encore.*

- *On a appelé Hiracotherium ceux qui peuplaient l'Europe et Eohippus ceux d'Amérique. Ils n'étaient pas plus gros qu'un renard. Leur évolution*

a suivi les changements de climat. Quand les forêts ont laissé la place à de vastes prairies, il leur a fallu courir plus vite et plus longtemps pour se nourrir et échapper aux prédateurs.

Comment appelle-t-on le dernier ancêtre du cheval ?

C'est la branche d'Equus. Il a vécu il y a environ 1,5 million d'années, à la fin de la dernière période glaciaire. On trouvait alors des millions de chevaux sauvages de cette espèce en Amérique, en Europe et en Asie. De nos jours, les chevaux font partie de la famille des équidés.

Pourquoi les chevaux marchent-ils sur un seul doigt ?

Il a fallu plusieurs millions d'années aux chevaux pour perdre trois doigts aux pattes avant et deux aux pattes arrière. Petit à petit, les doigts des côtés se sont atrophiés et le doigt du milieu est devenu plus fort. Tous les chevaux se déplacent sur la pointe de ce doigt qui leur reste. Cette évolution leur a permis de courir beaucoup plus vite.

Pourquoi dit-on que les chevaux sont des ongulés ?

Cela signifie exactement qu'ils marchent sur un ongle. Le bout de leur doigt unique est en effet devenu un sabot dur et solide.

Le cheval de Przewalski est différent du cheval domestique. Sa tête est grosse ainsi que son encolure, ses yeux sont très hauts, sa crinière pousse toute droite.

Comment les chevaux sont-ils devenus des herbivores ?

Comme tous les animaux, les chevaux ont dû s'adapter aux conditions du climat et de la nature dans lesquels ils vivaient. Au début, leurs dents leur permettaient de manger des feuilles et des fruits. Puis leur denture est devenue capable de mâcher de l'herbe drue et terreuse. C'est pourquoi les chevaux d'aujourd'hui ont des mâchoires et des molaires puissantes.

Pourquoi parle-t-on souvent du cheval de Przewalski ?

Parce qu'il ressemble aux chevaux préhistoriques à partir desquels se sont développées toutes les autres races de chevaux. Il doit son nom à un officier explorateur russe qui l'a découvert dans l'Altaï,

une région de Russie, en 1876. Il a été pourchassé avant d'être sauvé grâce au développement des parcs zoologiques. Aujourd'hui, on essaie de le remettre en liberté.

INCROYABLE !

Apparu en Amérique du Nord, le cheval a disparu de ce continent. Ce sont les conquistadores qui l'ont réintroduit 12 000 ans plus tard.

Les chevaux et leurs cousins

- *Durant des millions d'années, les chevaux ont vécu en troupeaux dans les plaines d'Europe et d'Amérique.*

- *À la dernière période glaciaire, ils sont passés d'Amérique en Asie par le détroit de Béring. Ils avaient de nombreux prédateurs : les lions, les hyènes, les loups et les hommes.*

- *Les rhinocéros et les tapirs sont aussi considérés comme des cousins lointains des chevaux, car ils ont comme eux un nombre impair de doigts.*

Comment vivaient les chevaux sauvages ?

On pense qu'ils formaient de grands rassemblements et qu'ils broutaient dans les régions non boisées et autour des points d'eau, comme le font les zèbres de nos jours.

Pourquoi n'y a-t-il plus de chevaux sauvages ?

Parce que les hommes les ont presque entièrement décimés ! Au Moyen Âge, des chevaux sauvages, les tarpans, vivaient encore en Pologne. Ils ont été cruellement chassés, comme le cheval de Przewalski en Russie. Le dernier tarpan sauvage a été abattu en Ukraine vers 1880 et le tout dernier survivant serait mort dans un zoo à Moscou quelques années plus tard.

Pourquoi parle-t-on de chevaux marrons ?

C'est le nom donné aux chevaux domestiques retournés à l'état sauvage. Pour conquérir l'Amérique, le Nouveau Monde, les chevaux furent amenés en grand nombre. Beaucoup de ces chevaux s'échappèrent pour vivre en liberté. C'est ainsi qu'ils repeuplèrent l'Amérique et devinrent les montures des Indiens.

Pourquoi voit-on encore des troupeaux de chevaux libres ?

Les mustangs d'Amérique et les brumbys d'Australie

sont les descendants de ces chevaux échappés. Très récemment encore, on les tuait à partir d'hélicoptères pour limiter leur population. L'opinion publique s'est émue de leur sort et ils sont maintenant surveillés et protégés. D'autres races de chevaux, comme les chevaux de Camargue, les mérens dans les Pyrénées ou les kabardins dans le Caucase, sont élevées par les hommes en troupeaux semi-sauvages.

Les brumbys sont les chevaux des colons qui, au XIXe siècle, se sont installés en Australie. Beaucoup d'entre eux sont retournés à l'état sauvage, soit parce qu'ils se sont échappés des enclos, soit parce qu'ils ont été abandonnés. Ils se sont reproduits très vite et leur grand nombre est devenu un fléau.

Pourquoi croise-t-on les ânes et les chevaux ?

Pour obtenir des animaux très utiles ! Dès l'Antiquité, l'homme a marié des juments avec des ânes pour obtenir des mulets. Cet animal est un hybride. Il possède l'énergie, la force de sa mère et l'habileté, la résistance de son père.

INCROYABLE !

Pour économiser les réserves d'eau douce qui parfois manquaient sur les bateaux des conquistadores, les chevaux étaient jetés en pleine mer !

Les chevaux domestiqués

On ne sait pas exactement comment ont débuté les premiers contacts entre l'homme et le cheval. La domestication a sûrement eu lieu dans les grandes steppes d'Eurasie. Les plus anciennes traces d'utilisation certaine du cheval ont été trouvées en Ukraine et datent de 5 500 ans environ.

Les hommes ont donc apprivoisé les chevaux tardivement, bien après le chien, qui le fut il y a quelque 15 000 ans, et après les moutons, les chèvres et les vaches, qui le furent voilà environ 10 000 ans.

Comment s'est faite la domestication ?

Pour avoir l'idée de domestiquer le cheval, il fallait que les hommes lui trouvent une utilité. Ils ont probablement longtemps envié la force et la rapidité de cet animal qu'ils devaient avoir du mal à chasser. Quand l'agriculture s'est développée, ils ont essayé de l'apprivoiser pour en faire du bétail comme la vache ou le mouton. On pense qu'ils ont commencé par élever des poulains dont les mères avaient été tuées à la chasse.

Comment les hommes ont-ils fait pour monter les chevaux ?

Plus de 1 000 ans de domestication se sont écoulés avant que le cheval soit monté. Les hommes ont longtemps attelé les chevaux avant d'avoir l'idée de s'asseoir sur leur dos. Le tout premier cavalier de l'histoire de l'art a été découvert en Mésopotamie, maintenant l'Irak, sur une poterie vieille de plus de 4 000 ans.

Pourquoi les chevaux ont-ils été attelés ?

Les chevaux ont probablement servi tout d'abord dans les champs. Très vite, cependant, ils ont été attelés à des chars à quatre roues pleines. Les hommes ont alors compris leur utilité pour les déplacements rapides. C'est ainsi qu'est né le tout premier char de guerre à deux roues.

Comment la selle a-t-elle été inventée ?

La selle est une invention très tardive. On a trouvé des reproductions de chevaux munis de selle qui datent des origines de l'ère chrétienne.
Au début, ce n'était qu'un assemblage de coussins ou d'arçons en bois pourvu ou non d'étriers.

Pourquoi les chevaux étaient-ils utilisés à la guerre ?

Le cheval a bouleversé l'histoire de l'homme !
La cavalerie permettait de transporter hommes, vivres et armes lourdes beaucoup plus loin et beaucoup plus vite que l'infanterie. Durant des millénaires, le cheval a été la force de l'homme !

Pendant très longtemps, les Indiens nomades se sont déplacés à pied et se servaient des chiens pour tirer leurs traîneaux. L'arrivée du cheval vers 1519 fut une révolution pour eux et le cheval devint une valeur que les tribus s'échangeaient.

Pourquoi les Indiens montaient-ils sans selle ?

Quand ils virent les chevaux la première fois, les Indiens prirent peur. Ensuite, ils comprirent très vite l'avantage de posséder et de monter ce fougueux animal.

Comme ils n'avaient pas de selle, ils montaient à cru ou sur de simples tapis.

INCROYABLE !

Le plus ancien traité d'équitation connu fut rédigé en Asie sur des tablettes d'argile 1 500 ans avant Jésus-Christ !

Des chevaux et des hommes

- *Monture des rois et des guerriers, le cheval est devenu un symbole de richesse et de puissance. Il fut pendant des siècles un instrument de conquête et l'unique moyen de transport.*
- *À partir du Moyen Âge, l'emploi non militaire du cheval se répand. Jusqu'au début du XXe siècle, on le voyait partout dans les villes et les campagnes.*
- *Il est présent dans la mythologie et dans les légendes du monde entier. Dans certains endroits du monde, il est associé au culte des morts.*

Comment utilisait-on les chevaux dans les batailles ?

On pense qu'on a commencé à se servir des chevaux à la guerre en les attelant à des chars à deux roues. Les combats à cheval se développent durant plusieurs siècles avant Jésus-Christ. Au temps des chevaliers, le cheval a pris une place importante dans les combats. Le cheval de bataille était appelé un destrier. Monté par un chevalier, il était mené à la main (« destre », ou main droite, ce qui a donné son nom) par l'écuyer au champ de bataille pour économiser ses forces.

Pourquoi y a-t-il des chevaux mythologiques ?

De nombreuses légendes abondent en créatures surnaturelles, impossibles à dompter et qui ressemblent à des chevaux. Pégase, par exemple, est un cheval blanc ailé, imaginé par les Grecs, qui aide Bellérophon à tuer la Chimère, un horrible monstre crachant du feu. Odin, le dieu principal des Vikings, est souvent représenté sur un cheval magique à huit jambes.

Pourquoi les Grecs ont-ils inventé les Centaures ?

Attaqués pour la première

Comment sont nées les licornes ?

La licorne est un cheval imaginaire doté d'une longue corne droite sur le front. D'après une vieille légende de l'Inde, cette corne a des pouvoirs magiques et protège des poisons. Au Moyen Âge, en Europe, la licorne est un symbole de puissance et de pureté. Elle frappe les coupables avec sa corne et seule une jeune fille vierge peut l'approcher sans risque.

La licorne, appelée aussi unicorne, est un animal légendaire réputé pour protéger les justes et porter chance.

fois par des guerriers à cheval, on pense que les Grecs ont cru voir des créatures mi-hommes, mi-chevaux. Dans la mythologie grecque, les Centaures étaient brutaux et bagarreurs, sauf Chiron, qui au contraire était juste et sage. De nos jours, pour tout cavalier, le Centaure est le symbole de l'harmonie recherchée entre un cavalier et sa monture.

INCROYABLE !

Des sites archéologiques en Chine laissent penser que les guerriers chinois auraient inventé l'étrier, qui permet d'être plus stable à cheval. Ce sont les soldats arabes qui ont introduit cet accessoire en Europe bien plus tard.

Comment les chevaux étaient-ils utilisés à la campagne ?

En Europe, jusqu'au début du XXe siècle, les chevaux servaient à labourer, à semer, à récolter et à transporter les produits de la ferme au marché. Ils aidaient aussi à fabriquer la farine en tournant en rond pour entraîner la meule qui écrase le grain.

Comment fonctionnaient les diligences et les autres voitures à cheval ?

Au XVIIe siècle, grâce à l'amélioration des routes et des voitures, toutes sortes d'attelages se développent. Les diligences sont les ancêtres des autocars. Tirées par quatre ou six chevaux robustes et rapides, elles permettaient de transporter plusieurs personnes sur de longues distances. Des carrioles plus légères servaient pour le transport en ville.

Pourquoi existait-il des marchés aux chevaux ?

Avant les voitures, on avait un énorme besoin de chevaux. À la fin du XIXe siècle, par exemple, rien qu'à Paris, on utilisait environ 79 000 chevaux qui consommaient des tonnes de foin, de paille et d'avoine. Il y en avait de toutes races et il fallait en faire venir de l'étranger. Ils étaient vendus sur de gigantesques marchés qui se tenaient régulièrement. La vente des grains et du fourrage avait lieu tôt le matin au « marché des fourrages », afin d'éviter les embouteillages !

Pourquoi les chevaux tiraient-ils les bateaux ?

Autrefois, les bateaux qui transportaient les marchandises n'avaient pas de moteur pour remonter le cours des fleuves. On attelait de très puissants chevaux de trait sur des chemins de halage pour tirer les péniches.
Un cheval seul pouvait tirer 30 tonnes. Pour les bateaux très chargés, on pouvait atteler jusqu'à douze paires de chevaux. Les charretiers, appelés rouliers, louaient leurs chevaux par paires et habitaient dans des villages le long des fleuves.

Pourquoi se sert-on encore des chevaux en forêt ?

On utilise de nouveau des chevaux dans certaines régions pour le débardage, c'est-à-dire pour déplacer le bois qu'on coupe en forêt. Les tracteurs ont bien sûr remplacé là aussi les chevaux. Cependant, les engins à moteur abîment énormément les sous-bois. Dans certaines forêts en pente ou très difficiles d'accès, on a constaté que les chevaux parvenaient à faire le même travail sans polluer et sans détruire les sols.

Diligence utilisée pour relier en Amérique les nouvelles villes au temps de la conquête de l'Ouest.

pourquoi entend-on souvent parler du Pony Express ?

Parce qu'il est sans doute le plus célèbre des facteurs. Ces cavaliers transportaient au grand galop le courrier de la côte est à la côte ouest de l'Amérique sur plus de 3 000 kilomètres en affrontant tous les dangers. C'est l'invention du télégraphe qui mit fin au Pony Express. En Europe, avant le chemin de fer, le transport du courrier se faisait surtout par diligence appelée la malle-poste.

pourquoi utilisait-on les chevaux dans les mines ?

On les descendait, accrochés à une poulie, dans le fond de la mine, où ils restaient jusqu'à leur mort. Ils parcouraient chaque jour des kilomètres de galeries en tirant des wagons chargés de charbon.

INCROYABLE !

Dans les grandes plaines des États-Unis, on pouvait voir des attelages d'une quarantaine de chevaux tracter d'énormes moissonneuses-batteuses !

Élevage et reproduction

- *Tous les chevaux appartiennent à la même espèce et peuvent donc se reproduire entre eux. Dans une même espèce, une race regroupe des animaux qui présentent un certain nombre de particularités communes.*

- *En Occident, jusqu'au XVIIe siècle, les chevaux étaient élevés en forêt sans contrôle. En 1665, Colbert songe le premier à réglementer l'élevage des chevaux afin d'en améliorer la qualité. C'est seulement vers cette époque qu'on commence à parler de races.*

Comment sont nés les haras ?

Les haras ont été créés pour améliorer la qualité de l'élevage des chevaux. Autrefois, on avait tellement besoin de ces animaux qu'en Europe il fallait sans cesse en importer et en chercher de plus en plus loin. Cela coûtait cher. En France, sous le règne de Louis XIV, on invente

les haras nationaux. L'État achète les meilleurs étalons et les met à la disposition des particuliers qui possèdent des juments. Les étalons sont placés un peu partout dans des dépôts aux bons soins d'un « garde-étalons ».

Pourquoi les haras existent-ils encore ?

On a toujours besoin de chevaux, même

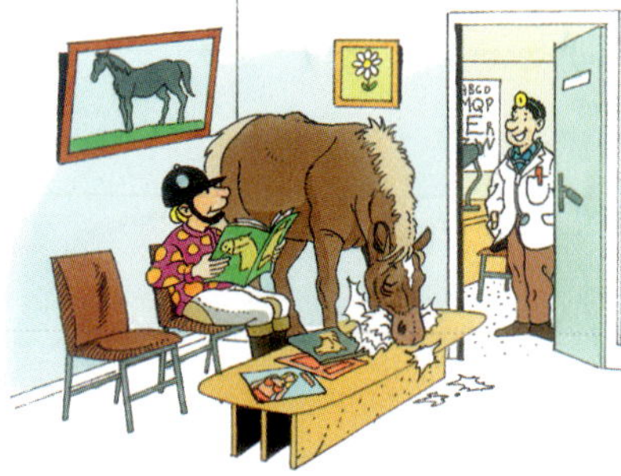

si maintenant c'est uniquement pour le sport et le loisir. Lors de la Révolution française, les haras nationaux ont été supprimés. Napoléon Ier, qui, pendant sa campagne d'Égypte, avait découvert la qualité des chevaux arabes, reconstitue les haras. À cette époque naissent aussi les deux premières écoles de vétérinaires du monde. L'une se trouve à Lyon, l'autre à Alfortville, près de Paris. Elles ont été fondées exclusivement pour soigner les chevaux dont on avait tant besoin.

Pourquoi existe-t-il différentes races ?

Les races de chevaux sont très nombreuses. La plupart sont le résultat

Le haras national d'Hennebont, situé en France, dans le sud de la Bretagne, est réputé pour l'élevage de magnifiques chevaux de trait bretons. Une visite guidée s'impose dans les écuries, où vivent une soixantaine d'étalons.

de croisements faits par les hommes pour obtenir un type de cheval qui répond à une utilisation précise. Ainsi, petit à petit, la différence s'est creusée entre les chevaux de trait et les chevaux de selle.

Pourquoi y a-t-il des races d'une même couleur ?

Il existe des races qui sont le résultat de l'isolement d'un groupe de chevaux dans un lieu précis. C'est le cas des chevaux de

Camargue, qui sont devenus blancs pour échapper aux moustiques, lesquels piquent moins les chevaux clairs.
Les hommes ont créé d'autres races pour obtenir une couleur particulière et originale et pour être sûrs d'avoir des poulains qui ressemblent à leurs parents.

INCROYABLE !

Marquer un cheval avec un fer rouge a longtemps été l'unique moyen pour reconnaître son propriétaire. Sous Louis XIV, les étalons royaux portaient un grand L surmonté d'une couronne.

Pourquoi parle-t-on de stud-book ?

C'est le livre généalogique des chevaux, c'est-à-dire qu'on y inscrit tous les membres d'une même race. Pour entrer dans le stud-book, le cheval doit répondre à des caractéristiques physiques bien précises. Certains stud-books, cependant, sont moins stricts et acceptent des chevaux surtout pour leurs performances sportives afin d'améliorer celles des poulains de la race.

Comment fait l'étalon pour séduire une jument ?

Dans la nature, les juments et leurs poulains vivent en petits groupes sous la protection d'un étalon. Lorsqu'une jument est en chaleur, c'est-à-dire qu'elle est dans une période fertile où elle peut avoir un poulain, l'étalon lui fait la cour. Il tourne autour d'elle en ronflant et en arquant l'encolure. Quand la jument est séduite, elle se campe solidement sur ses jambes et l'étalon monte sur son dos pour s'accoupler.

Comment les juments sont-elles fécondées artificiellement ?

Souvent, les parents du futur poulain ne se rencontrent même pas. Les juments sont fécondées par insémination artificielle, c'est-à-dire qu'on leur injecte les spermatozoïdes du mâle avec une seringue. On prélève la semence des étalons en les faisant monter sur des mannequins qui ressemblent à des juments et qu'on appelle des leurres. Ce n'est pas très romantique, mais cela évite les maladies et permet à un excellent étalon d'avoir beaucoup de poulains.

Pourquoi parle-t-on de monte en main ou en liberté ?

C'est l'accouplement qu'on appelle la monte. La plus naturelle se fait en liberté. L'étalon est lâché dans un pré avec la jument, mais il ne peut plus être utilisé par son cavalier pour

faire de la compétition. On pratique donc beaucoup plus souvent la monte en main. Dans ce cas, la jument est entravée pour ne pas ruer et l'étalon est tenu en main par un étalonnier

Avant de s'accoupler, l'étalon s'approche de la jument, la renifle, tourne autour d'elle. Mais l'accouplement en liberté est de plus en plus rare. De plus, l'étalon peut être blessé par des ruades de la jument lors de la saillie !

durant le temps de l'accouplement. Cette méthode a l'avantage d'être plus rapide.

Comment les éleveurs font-ils pour choisir les parents des poulains ?

Les éleveurs possèdent plusieurs juments et parfois plusieurs étalons. Les haras nationaux mettent tous types d'étalons à disposition. C'est le propriétaire de la jument qui choisit le père du futur poulain. Pour avoir une chance d'obtenir un beau et bon poulain, et peut-être un champion, l'éleveur va choisir un père qui a obtenu des résultats sportifs et a déjà prouvé ses qualités de reproducteur.

Les poulinières sont des juments choisies pour avoir des poulains parce qu'elles ont fait une excellente carrière sportive et qu'elles sont belles.

INCROYABLE !

Grâce à l'insémination artificielle, un étalon peut avoir plus de cent poulains par an ! Des juments porteuses mettent au monde les poulains de juments championnes pour que celles-ci puissent continuer à courir.

Les races de selle

- *Les races de chevaux reconnues sont plus de deux cents. Elles se divisent en deux grandes catégories, les chevaux de selle, dits aussi à sang chaud, et les chevaux de trait, à sang froid.*

- *Une race se définit par sa couleur, sa taille, sa conformation, ses qualités physiques.*

- *On dit d'un cheval que c'est un cheval de sang lorsqu'il est vif et rapide, que sa peau est fine et souple et ses poils soyeux.*

- *Les chevaux de selle mesurent en moyenne entre 1, 60 et 1, 80 mètre au garrot pour un poids de 400 à 600 kilos.*

Pourquoi le pur-sang arabe est-il si fier ?

C'est la race la plus pure et la plus ancienne ! Il porte la tête et la queue très hautes. Son élégance tient à son front bombé, ses naseaux dilatés, ses petites oreilles, son œil vif et ses jambes fines. On trouve des représentations de pur-sang arabes vieilles de plus de 5 000 ans. Dans son pays d'origine, on dit qu'Allah l'a créé avec une poignée de vent, et on l'appelle « le buveur de vent ». Il a amélioré de très nombreuses races et est le champion des compétitions d'endurance.

Pourquoi l'anglo-arabe a-t-il beaucoup de caractère ?

Parce qu'il a beaucoup de sang ! À l'origine, il résulte du croisement de pur-sang anglais et de pur-sang arabes. On cherchait à obtenir un bon cheval de compétition ayant des qualités de sauteur et moins fragile que le pur-sang anglais. Ce cheval de sport n'est pas une monture pour débutants. Il est agile, rapide, vif et endurant. Il est excellent dans les compétitions de concours complet.

Pourquoi les selles français sautent-ils si bien ?

Dès le début du XIXe siècle, des juments normandes ont été mariées avec des pur-sang anglais pour obtenir un grand cheval robuste. La Garde républicaine et les écuyers du Cadre noir de Saumur ont contribué à améliorer la race pour en faire un bon cheval de sport. Les individus les plus doués pour le saut ont été croisés entre eux. Aujourd'hui, véritable athlète au caractère intelligent et équilibré, il est souvent vainqueur dans les concours hippiques d'obstacles.

Pourquoi le holstein gagne-t-il si souvent les concours de dressage ?

Le Holstein est une région d'Allemagne renommée pour ses chevaux depuis des siècles. Durant la Renaissance, la race fut améliorée par du sang espagnol. Plus récemment, devenu un cheval de sport, le holstein a été croisé avec des pur-sang. De son lointain passé il garde un physique à la fois costaud et élégant et un caractère tranquille mais plein d'énergie. Ce sont ses ancêtres espagnols qui lui ont donné ses qualités en dressage.

Pourquoi les cavaliers de compétition allemands montent-ils des trakehners ?

Cette race de chevaux allemands a une longue histoire. Elle a été croisée avec des étalons arabes qui lui ont donné sa beauté et son équilibre. Durant la Seconde Guerre mondiale, des éleveurs ont fui l'armée russe en attelant des juments pleines. Malgré les difficultés et le manque de nourriture, elles ont sauvé leurs maîtres grâce à leur force et à leur courage. Le trakehner est aujourd'hui un cheval de sport apprécié pour sa beauté, sa souplesse, son caractère agréable et, bien sûr, ses qualités physiques.

INCROYABLE !

Dans les Andes, en Amérique du Sud, des chevaux qui vivent en altitude portent une véritable moustache. Elle a poussé pour protéger leurs lèvres du froid.

pourquoi le PRE est-il souvent photographié ?

Le pure race espagnole, anciennement appelé andalou, est l'un des plus anciens chevaux d'Europe. Connu sous le nom de genet d'Espagne, il a été utilisé pour améliorer de multiples autres races. C'est un cheval naturellement élégant, aux allures souples et gracieuses. Sa tête expressive, son encolure puissante, sa croupe ronde et ses crins abondants ont fait de lui une véritable star. Il est très doué en dressage et idéal pour le spectacle ou le cinéma, car, en plus de sa beauté, il est doux et docile.

pourquoi l'akhal téké est-il adapté au désert ?

Ce cheval du désert du Turkménistan est connu depuis plus de 3 000 ans.

Il est parfaitement adapté au désert, car il mange peu et est capable si nécessaire de se passer de boire pendant trois jours. La race est célèbre pour son poil particulièrement soyeux et les couleurs exceptionnelles de sa robe aux reflets dorés qui renvoient les rayons du soleil. C'est un magnifique cheval, très fin et élancé, rapide et endurant. En Russie, il participe à des courses de 500 kilomètres.

pourquoi le quarter horse a-t-il une croupe si musclée ?

C'est le champion de vitesse sur 400 mètres, d'où son nom (quater = quart de mile ; 1 mile = 1,6 kilomètre). Sa croupe très puissante lui permet des départs foudroyants. Cheval des cow-boys par excellence, il est le résultat de croisements entre des chevaux anglais et les descendants des chevaux espagnols des conquistadores. Ce joli animal, résistant et habile, sait instinctivement travailler avec le bétail.

pourquoi le frison a-t-il de longs crins tout noirs ?

Aux Pays-Bas, son pays d'origine, le frison est l'un

des chevaux d'attelage les plus réputés. Cette race est très ancienne. Au fil du temps, grâce à la sélection, on a obtenu des chevaux toujours noirs, aux crins très abondants et ondulés. Ce cheval majestueux au caractère joueur et docile est appelé la perle noire. Parce qu'il ressemble à une gravure de mode et qu'il est aussi doué monté qu'attelé, on le voit souvent au cirque et en Haute École.

Pourquoi appelle-t-on barbes les chevaux d'Afrique du Nord ?

Le cheval barbe doit son nom au fait qu'il était la monture des guerriers barbares, c'est-à-dire étrangers à l'Empire romain. C'est donc une très vieille race, qui vient du Maghreb, et non pas du Moyen-Orient, comme son cousin le pur-sang arabe. Plus rustique que ce dernier, le barbe est à l'origine une monture de guerre agile et courageuse.

Pourquoi les lipizzans sont-ils toujours blancs ?

La dynastie autrichienne des Habsbourg a créé le lipizzan en croisant des juments locales avec des andalous. La couleur blanche est une particularité de la race, dont le nom vient du haras de Lipia, aujourd'hui en

Slovénie. Ce célèbre cheval a traversé de nombreuses guerres qui auraient pu lui être fatales, mais il en a toujours réchappé grâce à la foi des éleveurs. Les lipizzans brillent en Haute École.

Pourquoi l'appaloosa ressemble-t-il à un dalmatien ?

Cette race est issue des montures de la tribu indienne des Nez percés, qui vivaient dans les montagnes Rocheuses d'Amérique du Nord. Leur nom vient de la rivière la Palouse, qui coule dans la région où ils vivaient. La beauté de la robe tachetée de ces chevaux les a rendus célèbres, ainsi que leur courage et leur robustesse.

INCROYABLE !

Il existe une race de chevaux américains tout frisés : les curlys. Leurs poils et leur crinière sont bouclés comme ceux d'un mouton !

Les chevaux de trait

- *On les a toujours sélectionnés pour leur force et leur gentillesse. Leur tête massive et leur corps trapu leur donnent un aspect sympathique.*
- *Chaque pays d'Europe a développé ses chevaux de trait, mais, avec ses neuf races de trait distinctes, la France détient le record du nombre.*
- *Malheureusement, l'avenir de ces races, qui ont été remplacées par des machines pour aider les hommes dans les tâches les plus pénibles, est menacé.*

Pourquoi le percheron s'appelle-t-il ainsi ?

Sa robe peut être blanche, mais aussi noire ou gris clair. Ce merveilleux cheval de trait vient du Perche, une région de Normandie. C'est lui qui assurait autrefois le transport des passagers et des marchandises.
Capable d'efforts intenses, il est tellement gentil qu'il est un compagnon idéal pour le débardage et l'attelage de loisir.

Pourquoi le shire a-t-il des pattes d'ours ?

À cause de ses longs poils touffus qui recouvrent ses sabots et le protègent du froid et de l'humidité. Cet ancien cheval de guerre anglais du Moyen Âge, appelé autrefois great horse, est réputé pour être le plus grand et le plus fort des chevaux du monde.
Ce colosse doux comme un agneau peut être mené par un enfant.

Pourquoi le comtois est-il souvent tout blond ?

Il est porteur d'un gène qui donne aux chevaux des crins lavés, c'est-à-dire très blonds. C'est un cheval de taille moyenne originaire des montagnes de Franche-Comté.

Il est très apprécié pour les compétitions d'attelage, mais aussi pour le tourisme équestre.

Pourquoi le boulonnais est-il appelé le pur-sang des chevaux de trait ?

Parce qu'il a beaucoup été croisé avec des arabes et des andalous et en a conservé l'élégance et les allures brillantes. Ce cheval est originaire des côtes du nord-ouest de la France. Autrefois, des juments boulonnaises effectuaient la livraison du poisson fraîchement

pêché jusqu'à Paris. Il fallait des chevaux rapides, endurants et robustes pour tirer les charges rendues extrêmement lourdes par les blocs de glace qui servaient à conserver le poisson. Cette race est hélas de plus en plus rare.

Pourquoi le cob normand trotte-t-il si bien ?

Le cob normand est le plus léger des chevaux de trait des races françaises. C'était le cheval carrossier par excellence, athlétique

et élégant à la fois, apprécié pour la régularité de son trot. Parce qu'il est d'un caractère très calme, il fait aujourd'hui la joie des meneurs dans les compétitions d'attelage. Les vignerons et les maraîchers, de plus en plus préoccupés par les dégâts causés à la terre par les lourds tracteurs, recommencent aussi à utiliser ce cheval maniable et courageux, bien adapté au travail sur les petites surfaces agricoles.

Comment est née la race du mulassier poitevin ?

Au XVIIe siècle, des Hollandais vinrent avec des chevaux frisons pour assécher les marais de la région du Poitou. On croisa leurs chevaux avec la race locale et on créa cette jolie espèce fortement charpentée, qui a les sabots recouverts de poils comme les frisons.

INCROYABLE !

Le plus grand des chevaux connus mesurait plus de 2,10 mètres au garrot et pesait plus d'une tonne ! C'était un shire.

Les poneys

- *Le mot anglais « pony », qui a donné « poney », viendrait de l'ancien français « poulenet », qui désignait un petit poulain. Les poneys sont donc de petits chevaux qui mesurent moins de 1,48 mètre au garrot, c'est-à-dire à la pointe du dos.*
- *Qu'ils soient tout petits ou plus grands, les poneys font la joie des enfants de tout âge et même des adultes ! Le succès des poney-clubs a entraîné une véritable explosion de l'élevage de ces animaux.*
- *Leur aspect varie beaucoup d'une race à l'autre. Certains ressemblent à des équidés primitifs et un peu rustiques, alors que d'autres sont de véritables gravures de mode.*

Comment fait le welsh pour ressembler à un pur-sang arabe miniature ?

Ce poney anglais originaire du pays de Galles a une longue histoire. On a retrouvé sa trace jusque sous Jules César ! Il a été souvent croisé avec des pur-sang arabes, ce qui lui a donné sa beauté et ses aptitudes sportives. C'est un poney de selle qui peut tout faire. Sa taille varie de 1, 22 à 1, 37 mètre. Le welsh mountain est plus massif et il est très apprécié pour l'attelage.

Pourquoi le shetland ressemble-t-il à une peluche ?

Parce qu'il est tout en rondeurs et très poilu. C'est le plus connu et le plus petit des poneys. Il vient des îles Shetland, battues par les vents et pauvres en herbe. Sa terre natale a forgé son aspect physique, son extraordinaire résistance et son caractère. Il est la monture idéale pour les jeunes enfants, même s'il est parfois un peu capricieux et souvent très gourmand. Il ne faut pas trop le nourrir, car cela le rend malade.

Pourquoi existe-t-il tant d'éleveurs de connemaras ?

Ce grand poney irlandais a conquis le monde parce qu'il est très sportif et capable de rivaliser avec bien des chevaux plus grands que lui. Après l'Irlande, la France est le pays où il existe le plus d'éleveurs de cette race. Chez lui, dans la province de Connemara, les herbages sont séparés par des murets qu'il avait l'habitude de sauter allègrement. C'est grâce à ses capacités de sauteur qu'il est devenu un excellent poney de sport.

pourquoi le fjord a-t-il une raie noire sur le dos et la crinière ?

C'est une marque primitive qu'on met en valeur en taillant sa crinière en brosse. Ce poney appartient à une des races les plus pures au monde. On l'appelle le cheval des Vikings et il n'a guère changé depuis cette époque. Sa robe jaune très clair, dite isabelle, est celle des chevaux sauvages du nord de l'Europe. En Norvège, où il est considéré comme un symbole national, c'était avant tout un petit cheval de travail qui a servi dans les fermes, pour la poste et pour le transport de marchandises. Aujourd'hui, exporté dans de nombreux pays, il est apprécié en randonnée pour sa robustesse et ses allures souples.

pourquoi le dartmoor a-t-il un aspect rustique ?

Le Dartmoor est une province aride du sud de l'Angleterre. Ce poney a été exposé pendant des siècles à un climat rude et à des vents violents. C'est pourquoi il est si rustique et a une grande résistance aux intempéries. De plus, il est courageux et docile. Les enfants trouvent en lui une monture idéale tant pour le sport que pour le loisir. On voit beaucoup de poneys dartmoors en attelage, en concours complet et en randonnée.

INCROYABLE !

On a réussi à créer des races de poneys miniatures. Ils ne sont pas plus gros qu'un grand chien !

Les chevaux de course

- *Tous les peuples cavaliers du monde ont toujours organisé des courses de vitesse pour sélectionner les meilleurs chevaux.*

- *Les courses de chars avec quatre chevaux attelés de front existaient déjà pendant les Jeux olympiques grecs, 750 ans avant Jésus-Christ.*

- *De nos jours, l'élevage des chevaux de course s'est considérablement développé grâce à l'intérêt du public pour les courses hippiques.*

Comment appelle-t-on la race des chevaux de course ?

Les chevaux qu'on voit courir au galop sur les hippodromes sont des pur-sang anglais.

C'est la race des courses de galop par excellence. Ce cheval est né en Angleterre à la fin du XVIIIe siècle. Il est le résultat de croisements de trois étalons orientaux avec des juments locales. Il est grand et mince, ses jambes sont fines et son poil est doux. C'est le plus rapide de tous les chevaux.

Pourquoi existe-t-il des trotteurs ?

Grâce au succès des courses au trot attelé s'est développée la race des chevaux de course de trot, qu'on appelle trotteurs français.

Leurs ancêtres sont les solides chevaux normands, qui tiraient les carrosses. Pour créer cette race, on a croisé les chevaux qui avaient un trot rapide et régulier avec des pur-sang anglais pour leur donner de la fougue.

Pourquoi les trotteurs ne galopent-ils pas ?

Ils sont sélectionnés pour ne pas galoper. Les premiers trotteurs français ont été croisés avec le norfolk, un trotteur anglais. Le but était d'inventer une race qui puisse trotter très vite. Le trotteur français est un grand cheval très performant sur de longues distances. Il est courageux

Un champion des hippodromes peut valoir plusieurs millions d'euros.

et a un caractère très docile. Il peut aussi bien être monté qu'attelé.

Pourquoi parle-t-on d'AQPS ?

Ces initiales signifient « autre que pur-sang ». Elles désignent des chevaux de course de galop qui ne sont pas des pur-sang anglais. La plupart sont des croisements de pur-sang anglais avec des anglo-arabes ou des chevaux de selle. Ils sautent très haut, sont un peu moins rapides que les pur-sang anglais, mais plus résistants. Ils sont les vedettes des courses d'obstacles qui se déroulent sur plusieurs kilomètres, comme celles de l'hippodrome d'Auteuil à Paris.

Pourquoi ne voit-on jamais de courses de poneys ?

Il en existe, mais ce ne sont pas des courses officielles sur lesquelles on peut parier de l'argent. Les amateurs de certaines races de poneys organisent dans plusieurs régions des courses de galop, d'obstacles et même de trot réservées aux poneys.

INCROYABLE !

Les meilleurs pur-sang anglais font des pointes à plus de 77 km/h !

L'anatomie du cheval

- *Son squelette semble très différent du nôtre, et pourtant il présente quelques ressemblances. Son corps est composé de parties qui portent chacune un nom particulier. Il est important de les connaître quand on commence à monter à cheval.*

- *Le cheval rassemble plus de qualités physiques qu'aucun autre animal. Il est fort, courageux, il court vite. De plus, il est très endurant, ce qui est rare chez les animaux rapides. Avec sa domestication, toutes ces qualités seront encore améliorées.*

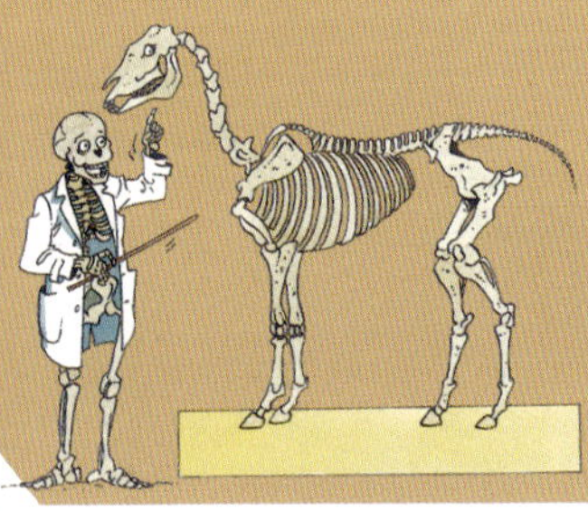

Pourquoi le cheval n'a-t-il pas de clavicules ?

La clavicule est un os en forme de S allongé qui relie le bras à notre thorax. Elle nous vient de nos ancêtres qui grimpaient dans les arbres. Chez le cheval, aucun os ne relie ses membres antérieurs à son thorax. Sa cage thoracique est en fait suspendue entre ses jambes de devant par des muscles et des tendons. Ses omoplates correspondent à nos épaules.

Pourquoi ne doit-on pas parler de pattes mais de jambes chez le cheval ?

Cette exception culturelle tient au fait que les hommes ont toujours considéré le cheval comme un animal noble

et ont voulu le distinguer des autres animaux domestiques. Ainsi, on ne dit pas la gueule mais la bouche d'un cheval ; non pas le museau mais le bout du nez ; non pas le pelage mais la robe ; et les plus puristes ne parlent pas de sabots mais de pieds.

Pourquoi les genoux sont-ils sur les jambes de devant ?

Les membres de devant, appelés antérieurs, correspondent à nos bras et les postérieurs, ceux de derrière, à nos jambes. Les genoux, qui sont placés à l'avant, ressemblent à nos propres genoux. On leur a donc donné le même nom. Mais en fait ces genoux correspondent

à nos poignets. Sur les jambes arrière, les jarrets correspondent à nos chevilles.

Comment le cheval fait-il pour dormir debout sans tomber ?

Ses rotules, qui ne se trouvent pas dans ses genoux comme chez nous, mais au niveau de ses grassets, sont autobloquantes ! Il peut donc se reposer en station debout sans dépenser d'énergie. Même s'il pique du nez dans un sommeil plus profond, son équilibre est assuré par ce système ingénieux qui empêche ses jambes de fléchir.

Pourquoi parle-t-on toujours du garrot du cheval ?

Le garrot correspond à la vertèbre la plus haut placée. On a donc pris l'habitude de mesurer la taille des chevaux à partir de ce point de repère. On parle de la hauteur au garrot d'un cheval. Quand on selle un cheval, la monitrice dit de bien dégarroter, ce qui signifie bien dégager le garrot afin que la selle ne frotte pas dessus en blessant le cheval à cet endroit sensible.

INCROYABLE !

À l'intérieur de ses jambes, le cheval a des châtaignes ! Ce sont de petites boules de corne qui sont des vestiges de ses doigts disparus.

Les allures

- *Les chevaux se déplacent de trois manières différentes. On parle de trois allures principales : le pas, le trot et le galop.*
- *Comme le cheval a quatre membres, l'ordre de ses mouvements est plus complexe.*
- *Il existe des races qui se déplacent encore différemment. Certains disposent de quatre, voire cinq allures. Ce sont les cavaliers qui ont poussé les chevaux à développer ces autres allures, car elles sont plus confortables !*

Comment le cheval fait-il pour ne pas s'emmêler les pieds ?

C'est automatique. Au pas, l'allure la plus lente, il garde toujours au moins deux sabots au sol et avance chacune de ses jambes l'une après l'autre.
On dit que c'est une allure à quatre temps.
Si un cheval marche sur du macadam, écoute bien, on peut compter régulièrement : un, deux, trois, quatre. Sa vitesse varie entre 6 et 8 km/h.

Pourquoi le trot est-il si inconfortable ?

Parce que le cheval saute en permanence d'un bipède diagonal à l'autre, c'est-à-dire qu'il lève en même temps l'antérieur gauche et le postérieur droit, puis l'antérieur droit et le postérieur gauche. Forcément, ça secoue le cavalier ! On dit que c'est une allure sautée à deux temps. Sa vitesse varie entre 14 et 20 km/h.

Pourquoi le galop fait-il si peur aux cavaliers débutants ?

C'est la vitesse qui leur fait peur, car le galop est la plus rapide des allures. Pourtant, elle est beaucoup plus confortable que le trot.

Le cavalier est bercé d'avant en arrière.
Le cheval avance d'abord un postérieur, puis un diagonal, puis l'autre antérieur. C'est une allure basculée, dissymétrique, qui peut se faire de deux façons : soit en commençar par le postérieur droit, soit par le gauche. On dit que le

Au galop, le cheval se trouve à un moment en suspension : aucun de ses sabots ne touche le sol. Il semble voler !

cheval galope soit à droite soit à gauche. En principe, il galope du côté où il tourne. Au galop rassemblé (petit galop ralenti), il atteint la vitesse de 30 km/h. Au galop allongé (galop rapide), il peut aller beaucoup plus vite.

Comment un bon cavalier fait-il pour être à l'aise à toutes les allures ?

C'est simplement une question d'habitude. Il faut monter plusieurs mois, voire plusieurs années,

avant d'être parfaitement à l'aise sur le dos d'un cheval, car la position à califourchon ne nous est pas naturelle.

Comment certains chevaux font-ils pour marcher comme des girafes ?

Les girafes, comme les chameaux, amblent, c'est-à-dire qu'elles soulèvent les deux pattes du même côté ensemble. Certaines races de chevaux parviennent à ambler. Elles ont été sélectionnées pour cela, car cette allure est rapide et confortable.

INCROYABLE !

En course, les trotteurs atteignent 50 km/h. Cela veut dire qu'au trot ils dépassent largement le galop d'un cheval ordinaire.

Robes et particularités

- *La robe désigne la couleur des poils et des crins.*
- *À l'état sauvage, les robes des chevaux se ressemblent beaucoup. En fondant tous les membres d'un troupeau dans une même couleur et en les mêlant au paysage environnant, elles servent de camouflage pour échapper aux prédateurs.*
- *Les différentes robes sont apparues avec la domestication du cheval. Elles sont nombreuses, mais on les divise en deux grandes familles : les robes simples et les robes composées.*

Comment se fait-il qu'il y ait tant de chevaux marron ?

Il est vrai que c'est la couleur la plus fréquente. Cependant, il n'y a pas de robe marron, car cette couleur est trop générale, elle correspond à plusieurs robes. Dans les quatre robes simples – blanc, noir, alezan ou café au lait –, les poils et les crins sont de la même couleur. Comme le nom l'indique, le café au lait est un marron très clair et l'alezan a tellement de différents tons qu'on précise : alezan cuivré, alezan doré, alezan brûlé.

Pourquoi les chevaux ont-ils souvent les crins noirs ?

Dans la famille des robes composées, les chevaux aux crins noirs ont des robes dites baie, isabelle ou souris. Leurs poils sont soit marron, soit café au lait, soit gris. Les bais sont de loin les plus nombreux. On dit qu'ils sont bais bruns quand ils sont presque

noirs, ou bais cerise, bais clairs, bais foncés, selon la nuance de leur marron. Les chevaux gris comme une souris avec les crins noirs sont assez rares.

Pourquoi certains chevaux sont-ils appelés isabelles ?

Les chevaux isabelles, aux crins noirs et aux poils jaunes, doivent leur nom à la princesse Isabel Clara Eugenia, fille du roi Philippe II d'Espagne, qui en 1601 refusa de se changer tant que la ville d'Ostende résisterait aux troupes espagnoles. Le siège ayant duré très longtemps, ses habits

1- Bai brun, 2- Alezan, 3- Gris, 4- Pie.

blancs devinrent jaune sale ! La princesse aux cheveux noirs était donc toute jaune.

Comment appelle-t-on les autres couleurs mélangées ?

Parmi les robes aux poils de plusieurs couleurs, la plus fréquente est la grise. Les chevaux gris naissent souvent noirs ou marron foncé puis éclaircissent toute leur vie. Le mélange de poils blancs et alezans donne la robe aubère et le mélange de poils noirs et marron donne les chevaux louvets, robe rare. Il existe aussi la robe rouanne, qui rassemble les trois couleurs de poils, blanche, noire et alezane.

Comment sont appelées les robes qui ressemblent à celles des vaches ?

Certains chevaux font partie de la famille des chevaux de couleur. Ce sont les pies. Les dessins des taches sont très variables. Il n'y a pas deux chevaux pies identiques. Ils sont très répandus en Amérique, où on les appelle de différents noms : overo, tobiano, sabino, balzan.

INCROYABLE !

Certains chevaux à la robe crème possèdent un gène qui les rend si clairs qu'ils semblent albinos !

Pourquoi certains chevaux ont-ils les crins tout délavés ?

Parfois, les chevaux possèdent une particularité dans leurs chromosomes qui éclaircit leurs crins ou leurs poils. On dit qu'ils portent un gène de dilution, qui empêche leur couleur de base de s'exprimer, un peu comme un jean délavé qui a perdu sa couleur bleu foncé. Ainsi, il existe des alezans crins lavés, aux poils dorés et aux crins blonds, et des crèmes, qui sont des alezans dont la couleur de base est délavée comme s'ils avaient déteint ! Les palominos sont café au lait et ont les crins blonds comme de la paille.

Pourquoi parle-t-on de pommelés ?

Quand la robe d'un cheval gris forme des cercles plus clairs ressemblant à des pommes, on dit que c'est un pommelé. Il s'agit souvent de chevaux encore jeunes, car avec l'âge ces traces disparaissent et le gris devient plus uniforme. Les chevaux gris peuvent aussi avoir quelques poils marron un peu partout qui rappellent les petites taches sur les écailles des truites. On dit alors qu'ils sont gris truité.

Comment sont appelées les taches sur la tête ?

Les chevaux ont souvent des marques blanches sur le front et le chanfrein. Les taches sur le front sont appelées, selon leur forme, étoiles, pelotes, losanges ou demi-lunes ; les bandes sur le chanfrein sont appelées des listes et peuvent être fines, larges ou déviées.

Quand la traînée blanche recouvre une grande partie de la tête, ou la moitié, on parle de belle face ou de demi-belle face. Parfois, un cheval a une liste qui lui recouvre entièrement le nez et on dit alors qu'il « boit dans son blanc ».

Pourquoi le bout du nez des chevaux est-il parfois rose ?

Sous le poil, la couleur de la peau est souvent grise, mais elle peut être rose par endroits et même sur l'ensemble du corps, comme pour les vrais chevaux blancs. Sur le bout du nez, il n'y a pas de poils et les chevaux ont souvent des taches plus ou moins roses qu'on appelle ladre. Cela résulte d'une absence de mélanine, substance naturelle qui donne la couleur de la peau et des poils. Un cheval peut aussi

avoir du ladre autour des yeux et sous la queue. Quand un cheval n'a aucune marque blanche ou rose, il est dit zain.

Comment doit-on appeler les « chaussettes blanches » des chevaux ?

Ce sont des balzanes. Elles peuvent être de toutes tailles, des mini-socquettes en quelque sorte, ou bien de véritables bas quand le blanc dépasse le genou ou le jarret ! Les balzanes sont bien pratiques pour reconnaître un cheval.

Grâce à leurs chaussettes blanches plus ou moins hautes appelées balzanes, on peut facilement identifier un cheval sans risquer de le confondre avec un autre qui lui ressemble comme deux gouttes d'eau.

Ainsi, ma monitrice peut très bien dire, par exemple : « Va chercher Gamin. Tu ne peux pas te

tromper, il est alezan avec trois grandes balzanes. »

Pourquoi voit-on des chevaux blancs avec des taches jaunâtres ?

Ce n'est pas une robe, juste un cheval blanc ou gris clair qui s'est sali !

INCROYABLE !

Il existe des chevaux aux yeux bleus. D'autres, encore plus rares, ont les yeux vairons, un marron et un bleu !

L'alimentation du cheval

- *L'herbe est l'aliment de base des chevaux. Ceux-ci sont des herbivores non ruminants.*
- *Quand ils ne vivent pas au pré, on adapte leur nourriture à leur taille et au travail qu'on leur demande. Un poney de 200 kilos mange trois fois moins qu'un cheval de 600 kilos !*
- *La ration d'un cheval qui est au repos doit être diminuée, sinon il peut tomber malade. Un cheval de course ou de compétition reçoit des repas réguliers calculés très précisément selon l'effort qu'il a à fournir.*

Pourquoi les chevaux broutent-ils si souvent ?

Comparativement à sa taille impressionnante, un cheval a un petit estomac. Il doit manger très souvent pour couvrir ses besoins nutritionnels. En liberté, il passe donc l'essentiel de son temps à brouter de l'herbe. Enfermé dans un box, il mâchouille de la paille ou du foin et reçoit en moyenne trois repas par jour pour remplacer l'herbe.

Pourquoi donne-t-on du foin aux chevaux ?

Comme les chevaux sont souvent enfermés dans des box, ils ne passent pas leur temps à brouter. Pour remplacer les fibres apportées par l'herbe, on leur donne du foin, qui est de l'herbe séchée.

Comment un cheval fait-il pour boire quand il a soif ?

Les chevaux doivent avoir de l'eau à leur disposition en permanence, car ils utilisent énormément de salive pour mâcher le foin et les céréales qu'on leur donne. Il existe des abreuvoirs automatiques qui se déclenchent quand ils appuient leur nez dessus.

Comment fabrique-t-on les granulés qu'on leur donne ?

Les granulés sont des aliments équilibrés présentés sous forme de petits tubes, de cubes ou de flocons. Ils sont fabriqués avec des céréales comme l'avoine, l'orge, le maïs et d'autres produits végétaux. Comme ils sont

Les chevaux ont besoin de boire régulièrement.

Pourquoi les chevaux lèchent-ils de grosses pierres blanches ?

En plus des granulés, du foin ou des céréales qu'ils mangent, les chevaux ont besoin de sels minéraux qui ne sont pas toujours en quantité suffisante dans leur nourriture de base. C'est pourquoi on met ces grosses pierres riches en sels minéraux dans les box ou les prés. Les chevaux adorent les lécher !

rapidement avalés par les chevaux, il faut compléter leurs repas avec du foin ou de la paille.

Pourquoi les chevaux adorent-ils les carottes et les pommes ?

Le cheval est un végétarien particulièrement gourmand ! Il adore toutes les plantes comestibles, et particulièrement les fruits et les légumes croquants et sucrés. En lui donnant des carottes et des pommes, dont il raffole, on varie son alimentation en lui faisant plaisir !

INCROYABLE !

Dans la nature, les chevaux passent près de seize heures par jour à brouter. Il leur faut aussi trouver de l'eau. L'été, ils peuvent boire jusqu'à 80 litres par jour !

Les soins

- *Malgré sa force physique, le cheval est un animal fragile. Ses deux points faibles sont ses pieds et son système digestif.*

- *Pour prévenir les maladies les plus courantes, il faut lui donner une bonne alimentation et bien équilibrer son activité.*

- *Le maréchal-ferrant et le vétérinaire sont les deux personnes les plus importantes pour sa santé. Son propriétaire doit apprendre à reconnaître les signes de maladie.*

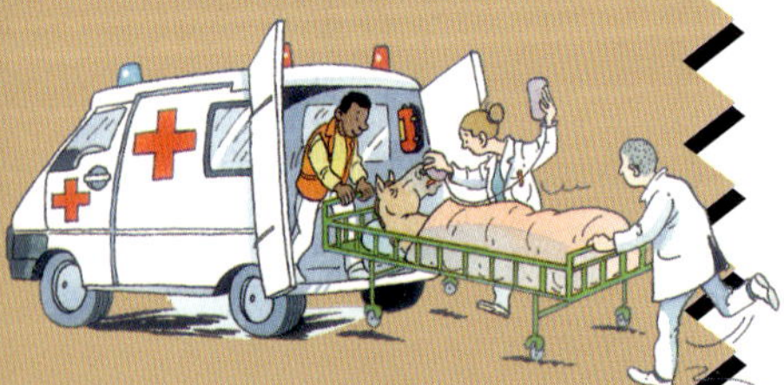

Pourquoi doit-on ferrer les chevaux ?

Leurs sabots poussent sans arrêt, comme nos ongles. Les sabots des chevaux que l'on monte s'usent plus vite que ceux des chevaux sauvages, car ils marchent sur des sols durs comme le macadam. Il faut les protéger par des fers. Comme la corne continue à pousser, le maréchal-ferrant les change toutes les six semaines environ.

Comment sait-on si un cheval est malade ?

S'il est triste, s'il a l'encolure basse, s'il refuse sa ration, si son poil est terne, s'il a les tendons chauds, il couve quelque chose. Les boiteries peuvent avoir de multiples raisons. Le vétérinaire est le mieux placé pour comprendre. Les coliques sont très fréquentes. Il s'agit d'un problème de digestion qui est souvent mortel pour les chevaux. Un cheval qui se couche et se relève sans cesse, qui transpire et se regarde les flancs a des coliques. Sa vie est en danger.

Pourquoi parle-t-on de fourbure ?

Autrefois, les chevaux étaient fourbus parce qu'ils travaillaient trop. De nos jours, c'est souvent parce qu'ils mangent trop par rapport au travail qu'ils fournissent. En cas de fourbure, ils ont de la fièvre, leurs yeux sont injectés de sang et leurs sabots sont chauds. Ils peuvent aussi avoir un coup de chaleur lorsqu'ils travaillent trop brutalement après plusieurs jours de repos. Dans les deux cas, il y a urgence. Il faut appeler le vétérinaire.

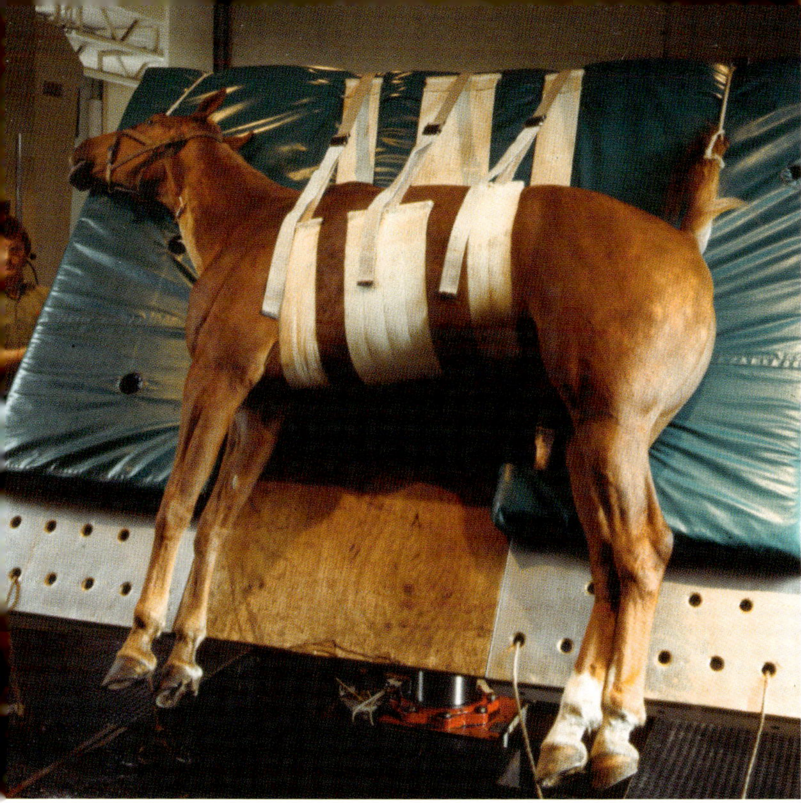

Table d'opération pour cheval.

Pourquoi les chevaux attrapent-ils des vers ?

En mangeant de l'herbe, ils avalent des larves de vers qui peuvent leur donner des maux d'estomac et les faire maigrir. Il faut donc vermifuger les chevaux au moins trois fois par an. De même, certains vaccins sont nécessaires contre des maladies mortelles comme le tétanos, la grippe équine et même la rage.

Pourquoi ont-ils des rages de dents ?

Leurs dents poussent toute leur vie. À l'état sauvage, les chevaux les usent en mangeant des herbes dures et filandreuses avec de la terre et de petits cailloux. Les granulés qu'on leur donne sont trop tendres et il se forme parfois sur leurs molaires des éperons d'émail qu'on appelle surdents. En mastiquant, ils s'écorchent les joues et alors ils cessent de manger. Le vétérinaire doit intervenir et limer les dents qui les gênent.

INCROYABLE !

Avant l'invention de la ferrure, les Romains protégeaient les pieds de leurs chevaux avec des sandales !

Instinct et comportement

- *Pour se lier d'amitié avec un cheval ou un poney, il faut savoir comment il fonctionne.*

- *Les chevaux sont des animaux sociables qui vivent en groupe et qui ont horreur de la solitude. Dans la nature, ils sont des proies. Donc, lorsqu'ils ont peur, leur première réaction est de fuir. Mais s'ils ne peuvent pas s'échapper, ils se défendent en se dressant sur leurs postérieurs, en mordant et en frappant.*

- *Ils sont très sensibles, voient et entendent mieux que nous.*

Pourquoi ne doit-on pas passer derrière un cheval ?

Même si les chevaux sont habitués à l'homme et ont confiance en lui, ils restent des animaux farouches et sensibles. Un rien peut les surprendre et déclencher chez eux un réflexe de survie. S'ils sont attachés, ils ne peuvent s'enfuir, donc ils tapent. Un coup de pied de cheval peut faire très mal.

Pourquoi arrive-t-il que les chevaux mordent ?

La plupart du temps, c'est par gourmandise. Ainsi, il faut faire très attention quand on donne une friandise à un poney, car il ne fait pas la différence entre un bout de pain et un doigt. Les poulains ont aussi tendance à mordiller pour jouer.

Il existe également des chevaux qui mordent volontairement parce qu'ils ont mauvais caractère.

Comment un cheval fait-il pour voir derrière lui ?

Sa vue est très performante. Ses yeux énormes et sa longue encolure qui lui permet de bouger amplement la tête lui donnent un champ de vision de 360 degrés. De plus, il a une bonne vision de nuit, car le fond de ses yeux est tapissé d'une sorte de miroir qui capte les rayons lumineux.

Pourquoi certains poneys et chevaux sursautent-ils au moindre bruit ?

Parce que certains sont plus peureux que d'autres et, comme leur ouïe est

Cheval se cabrant.

excellente, ils ont parfois peur des bruits qu'ils ne reconnaissent pas.

Pourquoi se cabrent-ils ou ruent-ils ?

On dit que ce sont des postures de défense. Normalement, un cheval bien dressé ne se cabre pas et ne rue pas quand il est monté. Un cheval contrarié, agacé ou taquin peut très bien se cabrer et ruer pour essayer de se débarrasser de son cavalier. Il peut aussi le faire pour éloigner un copain qui le serre de trop

près ou tout simplement parce qu'il ne l'aime pas.

Comment les chevaux font-ils pour faire bouger leur peau afin de chasser les mouches ?

Pour chasser les insectes, ils possèdent sur l'ensemble du corps un muscle qu'on appelle peaucier et qui peut trembloter à volonté. Les chevaux ont la peau très sensible, ce qui permet au cavalier de se faire obéir par simple et légère pression de ses jambes.

INCROYABLE !

Grâce à son sens de l'orientation, un cheval retrouve le chemin de l'écurie même dans une région inconnue.

Le langage du cheval

- *Pour établir une bonne relation avec son poney, il faut pouvoir « parler » sa langue, c'est-à-dire comprendre sa façon de communiquer et de transmettre ses émotions.*

- *La mémoire des chevaux est légendaire. Si on les maltraite, ils s'en souviennent et reconnaissent leur bourreau des années plus tard.*

- *Pour un cheval, un ami est quelqu'un qui partage sa vie quotidienne. C'est pourquoi les palefreniers sont souvent beaucoup plus aimés que les cavaliers !*

Pourquoi les poneys couchent-ils leurs oreilles ?

Les oreilles sont un indicateur de l'humeur. Pointées en avant : le poney est attentif et intéressé ; oreilles plaquées contre la nuque, lèvres pincées : il est menaçant ; une oreille en avant, l'autre en arrière : il est indécis ; les oreilles en arrière, la tête relevée : il a peur.

Pourquoi, quand deux poneys se rencontrent, soufflent-ils dans leurs naseaux ?

Pour s'identifier. Parfois, ils couinent et tapent par terre avec un antérieur. Cela veut dire : je ne te connais pas, toi, qui es-tu ? Leurs gestes sont comme des paroles.

Comment deux chevaux font-ils pour se témoigner leur amitié ?

Ils aiment se gratter ensemble le garrot avec leurs dents. Deux chevaux amis détestent être séparés. Si l'un d'eux part travailler, par exemple, celui qui reste hennit à fendre le cœur, même s'il sait qu'ils se reverront.

Pourquoi font-ils la grimace en relevant leur lèvre supérieure ?

Les chevaux vivent dans un monde d'odeurs beaucoup plus riche que le nôtre. Ils possèdent au fond de leur bouche un organe spécifique qu'on appelle l'organe de Jakobson, qui leur permet d'identifier

Il n'est pas rare de voir dans un pré deux chevaux se mordiller réciproquement le cou et le garrot pour se débarrasser des mouches. Ce toilettage mutuel s'appelle le grooming, du verbe anglais « to groom », qui signifie panser un cheval.

les odeurs les plus subtiles. En relevant leur lèvre supérieure, ils exécutent un processus d'analyse des odeurs appelé flehmen.

Comment font-ils pour hennir ?

Ils expulsent de l'air par leurs naseaux et aussi par leur bouche. Il y a plusieurs sortes de hennissements. Le couinement aigu est destiné à repousser un intrus ou un adversaire ; le renâclement, sorte de ronflement qui fait vibrer les naseaux, est un signe d'inquiétude ; le grondement bouche ouverte vise à affirmer son autorité. Le hennissement sonore porte très loin. C'est un appel : par exemple, celui de la jument à son poulain qui est absent ; cela peut être aussi celui de la faim quand le palefrenier s'apprête à distribuer les rations.

INCROYABLE !

Hans, un cheval célèbre, savait compter en observant les mimiques de son maître. Il grattait le sol le nombre de fois exact avec un antérieur pour lui donner la réponse !

La naissance d'un poulain

- *La jument porte son poulain pendant onze mois. Les poulains viennent au monde au printemps.*
- *Il arrive, mais c'est très rare, qu'une jument donne naissance à des jumeaux.*
- *Assister à la naissance d'un poulain est un privilège, car les juments poulinent souvent la nuit ou au petit matin. Si on a la chance de vivre un tel moment, il faut rester calme et discret.*
- *À l'état sauvage, le poulain est capable de suivre sa mère et le troupeau très peu de temps après sa naissance.*

Comment fait une jument pour pouliner seule ?

La nature est bien faite. Une fois sorti du ventre de sa maman, le poulain s'agite. Le cordon ombilical qui le relie à sa mère se rompt de lui-même ou lorsque la jument se relève. Celle-ci va très vite se mettre à lécher son poulain vigoureusement pour s'imprégner de son odeur et le rassurer.

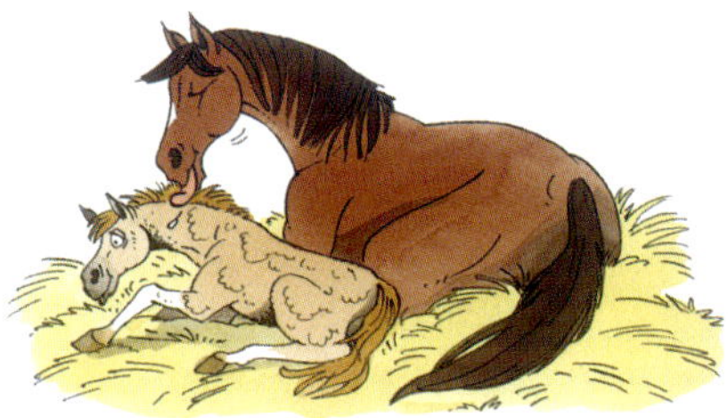

Comment se passe une naissance ?

La jument ressent les contractions de l'utérus, où se trouve le poulain, et commence à s'agiter, puis elle finit par se coucher. Au bout de plusieurs heures de contractions, le poulain sort de son ventre, en commençant par les sabots de devant, la tête plaquée le long de ses membres. La plupart du temps, la poulinière se relève aussitôt et se débarrasse des membranes qui enveloppaient le poulain.

Comment peut-on aider la poulinière ?

On peut aider la poulinière quand le poulain a du mal à sortir en tirant un peu sur les jambes du bébé. Il faut le faire dans le plus grand calme et en synchronisant les tractions avec les poussées de la mère. Quand on n'en a pas l'habitude, on doit faire appel à quelqu'un de compétent. Ensuite, il est préférable de ne pas intervenir lors des premiers échanges entre la mère et son petit. C'est un moment capital où ils apprennent à se connaître et à s'aimer.

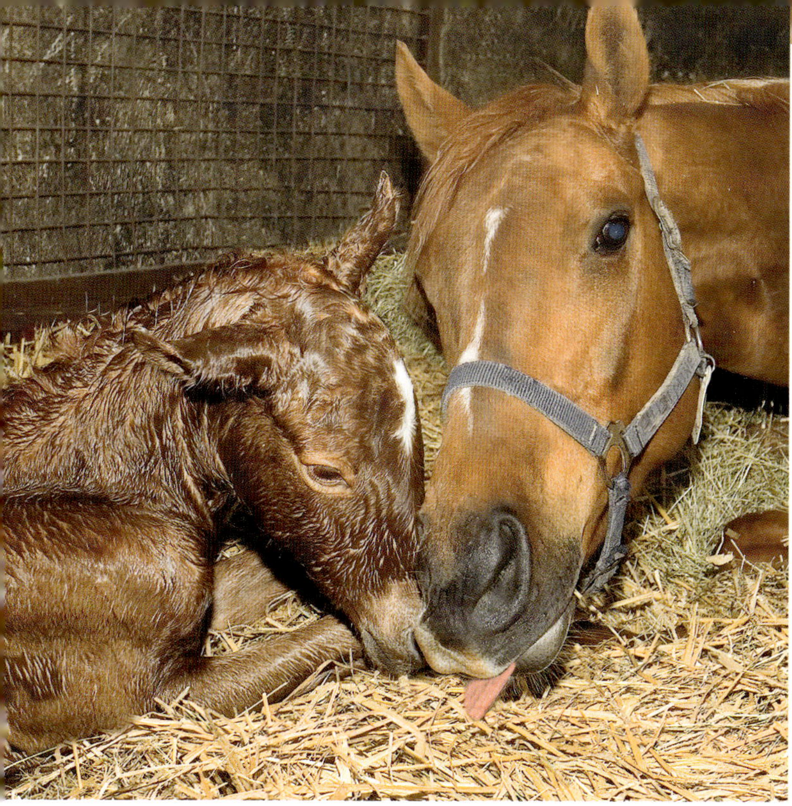

Ce poulain vient juste de naître. Son pelage est encore tout mouillé. Sa maman se met à le lécher pour le nettoyer, le sécher et s'imprégner de son odeur.

Comment fait-il pour trouver la mamelle ?

Guidé par son instinct, il tâtonne sous le ventre de la jument. Celle-ci l'aide en se positionnant de la meilleure façon. La toute première tétée est importante, car le bébé boit ce qu'on appelle le colostrum. Ce lait est riche en anticorps, substances naturelles qui le protègent des microbes.

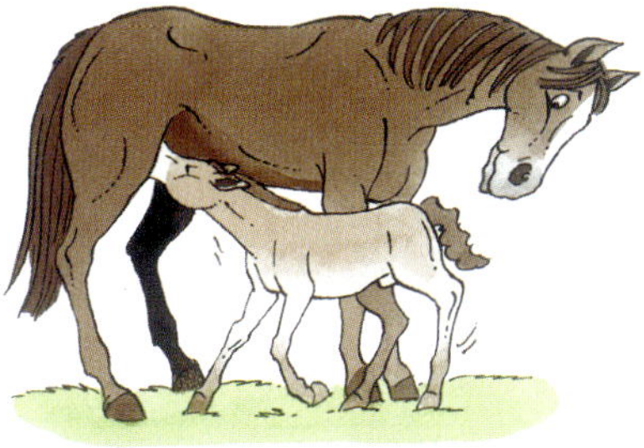

Pourquoi le poulain essaie-t-il si vite de se relever ?

À cause de son instinct. Il veut suivre sa mère le plus tôt possible pour échapper aux dangers qui le guettent. Au début, le poulain est très maladroit et retombe souvent. Au bout d'une heure, le voilà solide sur ses quatre longues jambes et, quatre heures plus tard, il galope derrière sa mère !

INCROYABLE !

Parfois, une caméra surveille les poulinières et on leur met une sangle autour du ventre qui sonne dès les premières contractions !

Le poulain et sa mère

- *Dans la nature, le poulain reste auprès de sa mère jusqu'à l'arrivée d'un petit frère ou d'une petite sœur. Les éleveurs séparent le poulain à l'âge de six mois environ.*
- *Le poulain est un bébé précoce qui apprend très vite en suivant sa mère et en l'imitant. Il est indispensable que la mère soit bien traitée, car elle transmettra sa confiance à son enfant.*
- *Un poulain de moins d'un an est appelé foal ; quand il a un an, il devient un yearling.*

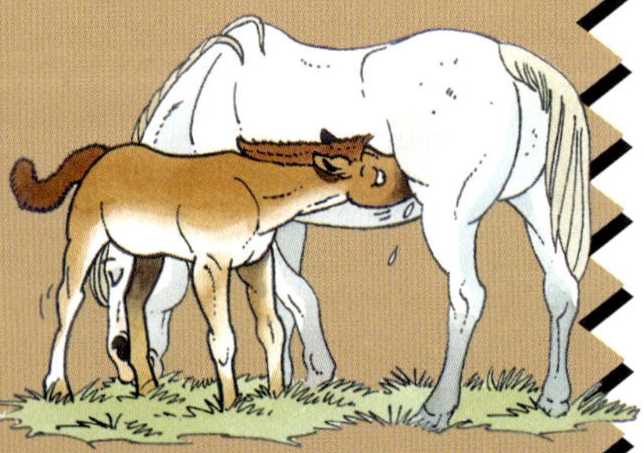

Pourquoi ne faut-il pas séparer un poulain de sa mère ?

Avant l'âge de six mois, la vie du jeune cheval dépend totalement de sa mère. Si on l'en sépare, il s'affole, car d'instinct il sait que sans elle il peut mourir. Il est si stressé qu'il en gardera le souvenir toute sa vie et risque de rester peureux.

Pourquoi le poulain tète-t-il si souvent ?

Juste après sa naissance, il grossit très vite et a besoin de beaucoup de lait. Comme son estomac est petit, il tète peu longtemps mais très souvent : jusqu'à sept fois par heure ! Au début, il s'éloigne peu de sa mère et, au pré avec d'autres juments et leurs bébés, il ne se trompe jamais de maman. Les poulinières reconnaissent leurs poulains à l'odeur et elles n'acceptent pas qu'un autre poulain les tète. Elles les rejettent vigoureusement.

Pourquoi écarte-t-il les jambes pour brouter ?

À un mois, le poulain broute de plus en plus. Son corps n'a pas encore les proportions de celui d'un adulte et ses jambes sont très longues. Pour ne pas perdre l'équilibre en baissant la tête, il écarte les antérieurs, un peu comme font les girafes pour boire.

Comment dorment les poulains ?

Comme tous les bébés, les poulains dorment beaucoup plus que les

adultes, qui somnolent souvent debout et ne se couchent que pour dormir plus profondément par tranches d'une vingtaine de minutes. Les poulains, eux, s'étalent de tout leur long dans l'herbe, non loin de leur mère.

Comment jouent les poulains ?

Les poulains jouent d'abord avec leur mère. Ils la mordillent, se dressent sur leurs postérieurs et posent les antérieurs sur son encolure. Très vite, cependant, ils se rendent compte qu'il est plus amusant de jouer avec les autres poulains. Ils font la course, gambadent et cabriolent ensemble. Ces jeux leur apprennent à maîtriser leur allure et leur équilibre en toutes circonstances.

Comment faire pour approcher un poulain ?

Certains poulains ne sont pas farouches et se laissent approcher sans problème. Sinon, il suffit de s'asseoir dans le pré et d'attendre patiemment. Les jeunes chevaux sont tellement curieux qu'ils s'avanceront et finiront par se laisser caresser si on ne fait pas de gestes brusques.

INCROYABLE !

À sa naissance, le poulain pèse dix fois moins que sa mère et, au bout d'un mois, il a doublé son poids !

Le débourrage

- *Le débourrage, c'est l'éducation que reçoit le jeune cheval avant d'être monté. Il commence vers dix-huit mois.*
- *Un cheval n'est vraiment adulte qu'entre trois et cinq ans selon les races. On monte en général sur son dos quand il atteint trois ans.*
- *Le dressage consiste à apprendre au cheval à obéir à son cavalier. Un cheval est beaucoup plus puissant qu'un homme. Tout dressage doit être fondé sur la confiance pour ne pas être dangereux. Le dresseur doit être patient et respectueux.*

Comment le débourrage commence-t-il ?

Le débourrage commence véritablement lorsque le poulain a accepté de porter un licol, cet ensemble de courroies qui passe sur sa tête et permet d'accrocher une longe.

Pourquoi fait-on tourner en rond le poulain ?

On appelle cela le travail à la longe. Le dresseur lui met une sorte de gros licol appelé caveçon et y attache une très grande longe pour pouvoir l'arrêter s'il essaie de s'enfuir. Il lui apprend à obéir à sa voix en le faisant tourner en rond autour de lui. Au fil des jours, son élève répond de mieux en mieux. En quelques séances, il est capable de trotter, marcher, galoper ou s'arrêter sur les ordres du dresseur.

Comment lui fait-on accepter la selle ?

Quand il tourne bien en longe, on lui met en plus un surfaix, une sangle munie d'une poignée sur le dessus qui lui apprend à accepter d'avoir le ventre serré. Quand il s'y est habitué, on remplace le surfaix par une selle légère.

Pourquoi réagit-il quand on serre la sangle ?

Pour que la selle tienne, on n'a pas besoin de serrer la sangle très fort, mais quand il faut qu'un cavalier monte, la sangle doit être bien ajustée, sinon la selle risque de se déplacer sous le poids. Plus on serre, plus le poulain se sent

Entraînement d'un cheval.

comprimé et, ne sachant pas ce qui se passe, il peut se défendre violemment. Il faut être patient. La voix du dresseur a là encore toute son importance.

Comment faire pour monter sur son dos la première fois ?

Lorsque toutes ces étapes du débourrage ont été franchies, on peut monter sur son dos. Tandis que le dresseur tient le jeune cheval, un cavalier léger se pend un peu à l'étrier puis se place progressivement à plat ventre sur la selle. Si le poulain ne réagit pas, il se met doucement à califourchon.

Comment lui apprend-on à obéir au cavalier ?

Une fois le cavalier accepté sur son dos, le dresseur le fait tourner en rond autour de lui à toutes les allures. Le cavalier associe les ordres de ses mains et de ses jambes à ceux donnés par la voix du dresseur. Petit à petit, le jeune cheval comprend les ordres silencieux de son cavalier et on retire la longe. Il faudra néanmoins plusieurs semaines avant qu'il comprenne tout ce qu'on attend de lui et plusieurs années pour en faire une monture bien rodée !

INCROYABLE !

Autrefois, on dressait les chevaux à la dure. Par exemple, on leur ligotait un antérieur afin que, en équilibre sur trois jambes, ils ne puissent plus se défendre.

Au poney-club

- *L'équitation, ou l'art de monter à cheval, n'est devenue un sport qu'au début du XXe siècle. Les militaires ont conservé les chevaux devenus inutiles et inventé des jeux et des compétitions très variés.*

- *Dans les années 1970, l'équitation s'est développée grâce aux poneys et à l'attrait des cavaliers pour les randonnées en pleine nature.*

- *Les clubs hippiques et les poney-clubs, qui permettent d'apprendre à tenir sur un cheval ou un poney, se sont alors multipliés.*

Pourquoi existe-t-il tant de poney-clubs ?

Les poney-clubs sont nombreux parce que de plus en plus d'enfants commencent à monter à cheval très jeunes. Grâce aux poneys shetlands, il est possible d'apprendre dès l'âge de quatre ans.

Comment les chevaux vivent-ils dans un club hippique ?

Les chevaux vivent dans des box individuels assez vastes pour qu'ils puissent tourner et se coucher. Ces box peuvent se trouver à l'intérieur d'une écurie, formant deux rangées séparées par un large couloir. Dans les régions au climat plus chaud, les chevaux et les poneys sont parfois installés

dans un grand pré comportant un abri pour les protéger des intempéries. C'est sans doute le mode de vie qu'ils apprécient le plus. Parfois, les chevaux vivent à plusieurs dans une grande écurie. Ce type d'hébergement est fréquent pour les poneys.

Pourquoi faut-il pailler les box ?

La paille est le plus souvent utilisée pour servir de litière. En principe, les box sont entièrement vidés et nettoyés une fois par semaine. C'est le travail

du palefrenier. Comme les chevaux passent beaucoup de temps dans leurs box, ils y font leurs besoins et mangent la paille quand elle est propre. Il faut donc souvent en remettre de la fraîche.

Pourquoi n'y a-t-il pas toujours de manège ?

Le manège est un rectangle de sable ou de sciure protégé par un toit ou bien aménagé dans un bâtiment. C'est là où on apprend à monter à cheval. C'est pratique l'hiver, quand il fait froid ou quand il pleut. Tous les poney-clubs n'ont hélas pas les moyens d'en avoir un, car il coûte cher à construire. Il y a aussi des régions où il ne pleut pas souvent et où un manège n'est pas indispensable.

Les poneys et les chevaux pour débutants sont bien dressés et sélectionnés pour leur gentillesse. Mais le plus important, c'est que l'enfant ait envie de monter. Il ne faut pas le forcer.

Pourquoi les moniteurs préfèrent-ils donner des leçons à l'extérieur ?

Parce que les chevaux préfèrent être au grand air et avoir plus d'espace. L'entraînement se fait dans une carrière, qui est souvent un espace plus grand que le manège, clôturé et dont le sol est en sable.

INCROYABLE !

Plus des trois quarts des élèves des poney-clubs sont des filles !

Le pansage

- *L'équitation n'est pas seulement un sport, c'est souvent une passion. Les cavaliers aiment passer du temps à s'occuper de leurs chevaux sans les monter.*

- *Le pansage est la toilette que le cavalier doit faire à son cheval. Il sert à entretenir la propreté du poil et des sabots et donne l'occasion d'inspecter le poney ou le cheval de la tête aux pieds pour voir si tout va bien. Comme il doit être fait tous les jours, c'est aussi le moyen de tisser des liens d'amitié.*

Comment retire-t-on la boue collée sur le poil ?

Au pré, les chevaux adorent se rouler dans la poussière ou dans la boue. C'est le seul moyen qu'ils ont pour se gratter et se protéger des insectes. Avant de monter son poney, s'il a de la boue séchée, on passe l'étrille sur les parties les plus charnues. Elle sert aussi à enlever le plus gros de la poussière.

Pourquoi faut-il utiliser un bouchon ?

Le bouchon est une brosse dure qui sert à enlever la poussière sur presque tout le corps, sauf sur les parties sensibles comme les yeux, les naseaux ou l'intérieur des cuisses. On doit le passer juste après l'étrille. La brosse douce s'utilise après le bouchon afin de retirer le reste de la poussière et pour nettoyer les endroits fragiles.

Pourquoi ne faut-il pas utiliser le peigne pour la queue ?

Le peigne sert à démêler la crinière. Il vaut mieux éviter de le passer dans la queue, car les crins y sont trop serrés et risquent d'être arrachés. Le mieux est de brosser les crins de la queue mèche par mèche avec le bouchon.

Comment s'appelle l'instrument qui sert à nettoyer les sabots ?

Tout simplement un cure-pied. On doit lever le pied du cheval en le tenant d'une main et on passe

On passe la brosse dure appelée bouchon sur les parties osseuses du cheval. On commence par la tête et on termine par les membres en brossant de haut en bas.

le cure-pied de l'autre. De temps en temps, on peut graisser l'ensemble des sabots à l'aide d'un pinceau pour nourrir la corne. Attention à ne pas placer le pied sous le sabot quand le cheval le repose sur le sol !

Pourquoi faut-il frictionner son cheval avec de la paille ?

On frictionne un cheval avec une poignée de paille quand il est en sueur après le travail. Cela aide à sécher le poil et sert de massage de détente pour ses muscles.

Comment rafraîchir le cheval ?

Quand il fait chaud, on peut lui donner une douche pour le rafraîchir après le travail. On peut même lui faire un shampooing de temps en temps. Ensuite, il faut passer le couteau de chaleur, qui évacue l'eau du poil et facilite le séchage.

INCROYABLE !

Il existe des laques contenant des paillettes dorées pour les crins et les sabots !

Préparer son poney

- *Apprendre à monter à cheval suppose aussi d'apprendre à le préparer, c'est-à-dire à le seller et à le brider.*
- *Il est possible de monter sans selle, à cru, mais c'est moins confortable et on glisse plus facilement. Il est préférable de commencer avec une selle et de réserver la monte à cru quand on a un peu plus d'expérience.*
- *Le mors, qui passe dans la bouche à un endroit où il n'y a pas de dents, sert à freiner et aussi à diriger le cheval.*

Comment reconnaître la bonne selle ?

Dans chaque poney-club, il y a une sellerie où se trouve tout le matériel pour monter les poneys. Chaque poney possède son filet, ou bridon, et sa selle, souvent marqués de son nom.

Comment met-on le filet ?

Le filet est plus difficile à mettre, car le poney doit ouvrir la bouche. Il faut se placer à sa gauche, passer les rênes sur l'encolure, retirer le licol, puis, en tenant le haut du filet avec la main droite, placer avec la main gauche le mors dans sa bouche. C'est un coup à prendre. On se fait aider, puis on est fier d'y arriver tout seul. Il ne faut pas oublier de fermer la sous-gorge et la muserolle, s'il y en a une.

Comment doit-on être habillé pour monter un cheval ?

Pour débuter, il n'est pas nécessaire d'avoir un équipement spécial. Le plus important est la bombe ou le casque, qui protège la tête, mais tous les poney-clubs en prêtent. Il est préférable d'avoir un pantalon souple et des bottines en caoutchouc qui ne se coincent pas dans les étriers. Plus tard, on aura plaisir à s'équiper d'un pantalon d'équitation avec des renforts, de boots

Quand on va monter son poney, on lui passe un filet qui permet de le diriger. La première fois, c'est assez difficile, car il y a un ordre à respecter pour le positionner vite et bien. Mais on y arrive très vite.

avec des mini-chaps et de différents vêtements adaptés à l'équitation en toute saison.

Pourquoi faut-il mettre un tapis de selle ?

Pour protéger le dos du cheval des frottements de la selle. Quand le tapis est bien positionné, on pose la selle délicatement.

Il n'est pas nécessaire de trop serrer la sangle, car souvent le poney gonfle son ventre pour ne plus être comprimé. La monitrice resserrera la sangle au moment de monter.

Pourquoi certains poneys portent-ils des protections ?

Certains poneys se frottent les boulets (articulations des jambes) ou se touchent les tendons avec leurs propres fers en trottant ou en galopant. Cela risque de provoquer sans cesse de petites blessures. Dans ce cas, on leur met des guêtres ou des protège-boulets.

INCROYABLE !

Il existe tellement de selles et de mors différents qu'il est impossible d'en savoir le nombre exact. On en a répertorié plusieurs centaines !

Première leçon

- *On appelle la leçon d'équitation une reprise. Une reprise dure environ une heure, sauf pour les très jeunes enfants, qui ne montent qu'une demi-heure.*

- *Il y a beaucoup de choses à apprendre et à mémoriser au début. Il ne faut pas s'inquiéter si on ne parvient pas à tout faire et à tout retenir dès les premières fois. Il suffit d'être attentif et surtout de bien respecter quelques règles de sécurité.*

Pourquoi faut-il garder ses distances ?

En conduisant son poney jusqu'au manège ou à la carrière, on doit respecter une distance de sécurité avec le poney de devant pour éviter de recevoir un coup de pied. Il est exceptionnel que les poneys pour débutants ruent. Ils peuvent cependant avoir peur de quelque chose et taper par surprise.

Comment monter sur le poney ?

Après avoir appris à régler les étriers à la longueur des jambes, on peut monter. On place le pied gauche dans l'étrier gauche ; en s'aidant des deux mains, la gauche tenant une poignée de crins et la droite l'arrière de la selle, on pousse sur la jambe droite restée à terre pour prendre de l'élan et on la passe par-dessus la croupe.

Comment mettre les pieds dans les étriers ?

Les étriers ne doivent jamais être chaussés à fond. On pose le premier tiers des pieds dans les étriers en veillant à ce que l'étrivière, la courroie qui les porte, soit bien à plat.

Pourquoi faut-il se tenir droit sur la selle ?

Le dos doit être droit afin que le corps soit situé au-dessus du centre de gravité du poney. Les épaules sont un peu en arrière et le bassin est basculé vers l'avant. Pour garder cette position, il faut regarder loin devant soi. Les débutants ont tendance à se pencher en avant par crainte d'être déséquilibrés quand

la monture prend de la vitesse. Il faut au contraire se pencher en arrière pour ralentir sa monture. C'est seulement quand on en a acquis l'habitude que l'on peut se pencher en avant en gardant son équilibre.

Comment tenir les rênes ?

On tient les rênes dans chacune des deux mains, les ongles de celles-ci étant placés face à face. Les pouces plaqués contre les index, on veille à laisser suffisamment de jeu aux rênes, qui doivent s'échapper par le haut. S'il y a trop de jeu dans les rênes, on ne peut pas diriger le poney. S'il n'y en a pas assez, on le gêne.

On a la bonne longueur quand on parvient à arrêter son poney en se basculant légèrement en arrière et en levant à peine les deux mains.

Comment faire pour avoir de l'assiette ?

Avoir une bonne assiette est le but de tout cavalier. Cela veut dire être à l'aise à toutes les allures et en toutes circonstances. Il n'y a pas de secret : c'est seulement en montant le plus souvent possible le plus de chevaux ou de poneys différents qu'on finit par avoir de l'assiette.

INCROYABLE !

On peut sortir en promenade tranquille au pas avec très peu d'heures d'équitation grâce à la gentillesse des poneys. Pour les jeunes enfants, des personnes à pied accompagnent les promenades en tenant les poneys.

Maîtriser son poney

- *Avant de pouvoir faire faire tout ce que l'on veut à un poney, il faudra être à l'aise sur son dos, car si on a des soucis d'équilibre, on ne peut pas le faire obéir.*
- *Même si on a un poney préféré, ce qui est bien naturel, il ne faut pas demander à ne monter que lui, car on risque de freiner sa propre progression.*
- *Monter beaucoup de poneys différents est le meilleur moyen de se perfectionner. En effet, chaque cheval est unique, avec ses qualités et ses défauts.*

Comment faire pour tourner ?

La manière la plus simple pour tourner est de faire une rêne dite d'ouverture. Il suffit d'écarter légèrement une main, les ongles vers le ciel, dans la direction voulue. Si tes rênes sont ajustées, le poney tournera le bout du nez puis la tête, et si tu le sollicites avec tes jambes, il tournera. Il y a d'autres manières d'agir, mais elles sont réservées aux cavaliers expérimentés.

Pourquoi parle-t-on d'aides naturelles ?

Les aides naturelles du cavalier sont les moyens dont il dispose pour se faire comprendre de son cheval : le poids de son corps, ses jambes, ses mains et sa voix. Si le cheval est bien dressé, il comprend très vite. Les jambes servent à faire avancer ; les mains, par l'intermédiaire du mors et des rênes, donnent la direction et demandent l'arrêt ou le ralentissement. Le poids du corps est utilisé par le cavalier expérimenté dans les changements d'allure et de direction. La voix reste un outil occasionnel pour calmer ou récompenser.

Comment arrêter un cheval au galop ?

Quand un cheval s'est emballé, le cavalier doit se pencher en arrière de tout son poids et lever les deux mains comme pour demander un arrêt. Cela suffit la plupart du temps à arrêter

Il faut faire de nombreuses figures pour apprendre à diriger à volonté son cheval sur des courbes, des cercles et des lignes droites.

un cheval dans un manège. On peut aussi lui faire faire un grand cercle, ce qui l'oblige à ralentir et finalement à s'arrêter. Certains chevaux adorent faire peur à leur cavalier débutant en refusant de s'arrêter au galop.

Pourquoi faut-il se soulever une fois sur deux au trot ?

Le trot est une allure sautée fatigante pour le cavalier. On a donc inventé le trot enlevé. On prend appui sur les étriers et on se soulève un temps sur deux comme si on rebondissait sur la selle.

Pourquoi doit-on changer de main ?

Dans un manège, on marche soit piste à main gauche soit piste à main droite. Les cavaliers marchent à main droite quand leur main droite est vers l'intérieur, et inversement. Lors d'une reprise, il faut changer souvent de main pour que les chevaux s'assouplissent des deux côtés.

INCROYABLE !

Dès les premières secondes, un cheval connaît le niveau du cavalier qu'il a sur le dos !

Avoir un cheval ou un poney à soi

- *Beaucoup de cavaliers rêvent d'avoir leur propre cheval.*
- *Être propriétaire d'un cheval demande du temps et entraîne des devoirs quotidiens.*
- *Il faut être aussi conscient des frais que cela représente. L'entretien de l'animal est plus coûteux que son achat : location du box, nourriture, vétérinaire, maréchal-ferrant.*
- *Comme les chiens, les chevaux aiment qu'on s'occupe d'eux et ils ont besoin de voir, sentir, toucher leurs congénères.*

Comment faire le bon choix ?

Il est indispensable de savoir quel type de cheval ou de poney on souhaite acheter. Est-ce pour faire de la promenade, pour progresser ou pour faire de la compétition ? Si on n'a pas suffisamment d'expérience, il est absolument nécessaire de demander l'avis d'un professionnel.

Comment installer son cheval ou son poney ?

Le plus facile est de le confier à un club hippique qui s'occupera de lui et le sortira quand on ne peut pas le faire. On dit que le cheval est en pension. Cela coûte assez cher. Il y a aussi la possibilité de le mettre en demi-pension : le propriétaire ne paie que la moitié de la pension et le club ou un autre cavalier a le droit d'utiliser le cheval un certain nombre d'heures. Si le cheval est au pair, le club utilise en priorité l'animal pour l'enseignement, mais le propriétaire ne paie que la ferrure et les soins vétérinaires. Il peut monter son cheval quand le club n'en a pas besoin.

Comment nettoyer son box ?

Le crottin et la paille sale doivent être retirés tous les jours. On ajoute ensuite de la paille fraîche. Une fois par semaine, il faut vider entièrement le box, le désinfecter, puis remettre une litière propre pour éviter les maladies. Le fumier doit

Étonnant ! Ce poney et ce chien sont devenus des amis inséparables.

Mais un cheval déteste la solitude et, dans les deux cas, il est préférable de lui prévoir un compagnon. Ce peut être un autre cheval, à la retraite, par exemple. S'il vit dans un box, il faut le nourrir au moins deux fois par jour et le sortir quotidiennement. Au pré, on doit tout de même passer le voir au moins une fois par jour.

être stocké ou évacué. Attention, le tas grossit vite ! C'est du travail ! Mieux vaut bien réfléchir avant de prendre la décision d'avoir son cheval à soi.

Comment faire pour le garder chez soi ?

Si on a une maison avec un grand terrain, il est possible d'héberger son cheval chez soi. En plus d'un box, il faut prévoir le local où garder la paille, le foin et les grains sans risque d'incendie. On peut aussi louer un grand pré avec un abri pour le protéger des vents froids.

INCROYABLE !

Certains chevaux adorent la compagnie d'un autre animal, comme une chèvre, un âne ou un mouton.

Passer ses examens

- *Comme pour tout sport, la pratique de l'équitation comporte des niveaux.*
- *Même le cavalier qui ne souhaite pas monter en compétition a intérêt à passer ses examens d'équitation. Ils lui permettent de prouver son niveau s'il change de centre équestre ou si, par exemple, il souhaite monter en promenade pendant ses vacances.*
- *La Fédération française d'équitation (FFE) a mis au point des examens appelés Galops, qui encouragent les jeunes cavaliers à progresser et permettent à tous de participer à différents concours.*

Pourquoi y a-t-il sept Galops ?

En France, il existe sept Galops principaux. Entre le Galop 1 et le Galop 7, il y a à peu près la même différence qu'entre la ceinture blanche et la ceinture noire au judo ! En principe, il est possible de passer son Galop 1 après quelques mois d'équitation. Pour ce tout premier examen, on demande seulement au cavalier de savoir faire un pansage, débrider et desseller, de connaître les règles de sécurité, les robes et le matériel de pansage. À cheval, il doit pouvoir tourner au pas et tenir en équilibre au trot et au galop. Il en va tout autrement pour le Galop 7, qui est l'examen qui permet de monter en compétition.

Comment se préparer aux examens ?

C'est le rôle des moniteurs d'équitation et des centres équestres d'enseigner le programme des Galops. Leur contenu est prévu pour permettre d'acquérir petit à petit les connaissances qui mènent au statut de cavalier confirmé, capable de s'occuper seul d'un cheval et de monter en compétition. Le Galop 4 donne le titre de brevet de cavalier, qui autorise à partir seul en promenade. À chaque niveau de Galop, réussir un examen est une joie véritable pour le cavalier passionné.

Pourquoi faut-il avoir une licence FFE ?

Chaque établissement équestre est tenu

de demander la licence FFE pour ses cavaliers. Cette licence permet à ces derniers d'être assurés pour tous les risques liés à l'équitation.

Le monde des chevaux est une école de passion, de maîtrise de soi et d'humilité. Il y a beaucoup de choses à apprendre. Outre l'équitation pure, il faut acquérir des connaissances sur le dressage, les soins, les maladies et le caractère du cheval. Quand on réussit l'examen du Galop 7, on peut monter en compétition.

Comment passer les Galops dits spécifiques ?

Les Galops spécifiques sont des Galops qui se concentrent sur un domaine particulier de l'équitation. Ils offrent la possibilité de se perfectionner dans une discipline choisie comme le dressage, la randonnée ou les jeux à poneys. Ce sont les établissements équestres qui, selon leur spécialité, les font passer et y préparent leurs cavaliers.

INCROYABLE !

La FFE est la troisième fédération sportive en France et la première pour le nombre de femmes licenciées !

Les académies équestres

- *L'art de dresser les chevaux a toujours été une préoccupation des hommes. On a découvert en Turquie des textes parlant de dressage et gravés sur des tablettes d'argile datant de plus de 3 000 ans !*
- *Lorsque les chevaux n'ont plus été utiles à la guerre, les militaires ont continué de les dresser et l'équitation dite classique est née.*
- *Les traditions équestres de plusieurs pays ont été conservées dans des écoles d'équitation, souvent appelées académies équestres.*

Pourquoi le Cadre noir est-il appelé ainsi ?

Le Cadre noir de Saumur est une école d'équitation mondialement connue. Son histoire est longue et mouvementée. On peut dire qu'elle a commencé avec les enseignements d'un écuyer célèbre, Antoine de Pluvinel, à l'époque de Henri IV. En 1764, le ministre de la Guerre, Choiseul, décide de faire construire à Saumur « la plus belle école de cavalerie du monde ». Puis, en 1814, des écuyers civils sont recrutés pour former les officiers à l'art équestre. C'est la couleur noire de leur uniforme qui a donné son nom à l'école d'équitation de Saumur.

Pourquoi l'École de Vienne est-elle appelée École espagnole ?

Parce qu'elle ne dresse que des chevaux d'origine espagnole, les lipizzans, de couleur blanche. Fondée en 1729, cette école est encore plus ancienne que celle de Saumur. Elle continue la tradition classique du XVIIIe siècle selon les enseignements du fameux écuyer français La Guérinière. Le talent des chevaux lipizzans pour les figures de Haute École a fait connaître cette école dans le monde entier. Les écuyers donnent des représentations dans le magnifique manège baroque proche du palais de la Hofburg, à Vienne.

Cavalier du Cadre noir de Saumur.

Pourquoi l'art équestre portugais est-il si à la mode ?

Les Portugais sont de grands voyageurs. Leur tradition équestre est un condensé de toutes les équitations européennes ainsi que de celle des Berbères, considérée comme l'ancêtre de la tauromachie à cheval. Les écuyers de l'École de Lisbonne se sont fait connaître grâce à la qualité de leurs chevaux, les lusitaniens.

Comment a été créée la fameuse École royale andalouse de Jerez ?

La race des chevaux cartujanos a été créée au XVe siècle par les moines chartreux de Jerez. Héritière de la tradition équestre espagnole, l'École royale de Jerez a ouvert ses portes en 1973 dans l'ancienne propriété du duc d'Abranès. Cette même année a été présenté pour la première fois le spectacle de Haute École intitulé « Comment dansent les chevaux andalous ». Les chevaux évoluent en musique, les écuyers sont en costume d'époque.

INCROYABLE !

En 2007, pour la première fois, les quatre écoles d'équitation ont présenté un spectacle en commun à Paris.

Les traditions équestres

- *La plupart des jeux anciens et des traditions équestres qui se pratiquent encore dans le monde viennent de techniques guerrières ou militaires.*
- *Certains sont aujourd'hui critiqués et risquent de disparaître.*
- *Le bozkachi, par exemple, est une sorte de handball à cheval qui se joue en Afghanistan.*

Deux équipes essaient de s'arracher une dépouille de bouc pour la porter dans un cercle dessiné à terre.

Pourquoi chasse-t-on encore à courre ?

Autrefois, la chasse à courre, aussi appelée vénerie, était réservée aux nobles. Cette chasse est très sportive. Il s'agit de poursuivre un animal, souvent un renard ou un cerf, avec un équipage de cavaliers et une meute de chiens, à travers prairies et forêts. Le cavalier responsable des chiens s'appelle le piqueux. Le gibier a toutes ses chances, car les chasseurs à cheval peuvent se perdre.

Pourquoi la Garde républicaine existe-t-elle toujours ?

C'est sous Louis XV qu'est créée pour la première fois une garde de cent vingt cavaliers pour protéger le roi. En 1802, Bonaparte met en place la Garde municipale de Paris, chargée de faire la police dans la capitale. Aujourd'hui, la Garde républicaine est un corps d'élite qui entretient la tradition d'une garde à cheval en costume mais peut aussi servir à maintenir l'ordre dans les rues de Paris si le ministre de l'Intérieur le décide.

Pourquoi les cavaliers de fantasia ont-ils des fusils ?

Parce que c'est une charge militaire à cheval ! La fantasia se pratique dans le Maghreb. Les guerriers, montés sur des pur-sang arabes ou des barbes, se mettent en ligne côte à côte et lancent

Le rodéo est une compétition entre cow-boys qui se mesurent entre eux au cours de différentes épreuves. L'une d'entre elles consiste à rester le plus longtemps possible sur le dos d'un cheval qui cherche à se débarrasser de son cavalier.

Pourquoi les chevaux de rodéo ruent-ils ?

À cause de la deuxième courroie placée en bas du bassin, qui est attachée très serrée et dont ils veulent se débarrasser. Les rodéos sont très populaires dans l'Ouest américain. C'est une tradition qui vient de l'époque des cow-boys, où on montait les chevaux sauvages sans les avoir dressés.

leurs montures ventre à terre. Ils s'arrêtent ensuite pile en tirant un coup de fusil en l'air.

Comment font les chevaux de corrida pour ne pas avoir peur du taureau ?

Ils subissent un entraînement rigoureux et spectaculaire. Seuls les chevaux au caractère solide et courageux sont sélectionnés. Ils surmontent leur peur naturelle du taureau grâce à l'entraînement et à la confiance qu'ils ont dans leurs cavaliers. Malgré leur adresse, il arrive parfois qu'ils reçoivent un coup de corne, mais les accidents sont heureusement rares.

INCROYABLE !

Au Canada, il existe des policiers à cheval qui surveillent aussi les galeries des supermarchés.

Monter en compétition

- *À tous les niveaux, la compétition est toujours exaltante et source d'émotions intenses.*
- *Faire de la compétition ne signifie pas gagner à tout prix. Quelle que soit la discipline équestre, c'est avant tout une école de patience et de discipline. Un parcours d'obstacles ou une reprise de dressage ne durent que quelques minutes.*
- *Les centres équestres sont nombreux à organiser des compétitions et à préparer leurs élèves pour le jour J. On peut commencer par des concours d'entraînement, avant de monter dans des compétitions officielles.*

Comment choisir le cheval avec lequel participer ?

Bien sûr, il n'est pas nécessaire de posséder son propre cheval pour faire de la compétition. Les chevaux de club sont les meilleurs partenaires pour le débutant compétiteur. Un proverbe dit : « À jeune cavalier vieux cheval. » C'est le cas des chevaux d'école.

Pourquoi faut-il tresser la crinière de son cheval ?

Dans les petits concours d'entraînement, on n'est pas obligé de tresser la crinière de son cheval. Toutefois, c'est un signe de l'attention que le cavalier apporte à sa monture. Un cheval bien pansé, bien toiletté, une sellerie bien entretenue et une bonne présentation du cavalier sont toujours appréciés en compétition. Pour tresser la crinière, il faut l'humidifier puis diviser les crins en brins égaux avant de les natter. Il y a plusieurs techniques pour relier celles-ci entre elles. C'est un plaisir de les apprendre, mais cela demande du temps.

Comment se rendre sur le lieu de la compétition ?

La plupart du temps, c'est le club hippique propriétaire du cheval ou du poney qui s'occupe de son transport. Ce service est facturé au cavalier, ainsi que les frais

d'inscription et le coaching du moniteur, toujours présent pour prodiguer ses conseils.

C'est le moniteur qui décide si on peut monter son cheval préféré en compétition. Mais il faut savoir changer de monture pour progresser.

Pourquoi faut-il passer au secrétariat ?

La plupart du temps, arrivé sur les lieux de la compétition, le cavalier participant doit se présenter lui-même au secrétariat. Il confirme ainsi sa présence et le niveau de l'épreuve à laquelle il participe et reçoit un numéro de passage. Cela permet aux organisateurs de prendre en compte le repos des chevaux qui font la même compétition avec différents cavaliers.

Pourquoi faut-il porter une tenue spéciale ?

La protection de la tête par un casque est la seule chose exigée dans tous les cas. Les tenues vestimentaires spéciales pour les cavaliers ne sont obligatoires que dans les compétitions officielles. Elles varient selon la discipline équestre mais se limitent principalement à la couleur du pantalon et au port d'une veste ou d'un blouson de compétition.

INCROYABLE !

Comme les cavaliers, certains chevaux adorent la compétition. D'autres perdent tous leurs moyens !

Le dressage

- *Le mot français « dressage » est utilisé dans de nombreuses langues pour parler de l'art de dresser les chevaux.*

- *Le dressage est une discipline olympique, comme le saut d'obstacles et le concours complet.*

- *Mais le dressage commence bien avant, dès que l'on sait demander à son cheval de galoper sur le bon pied !*
  Les mouvements de base du dressage servent à assouplir le cheval et à le rendre attentif aux ordres de son cavalier. C'est la base de toutes les autres disciplines.

Pourquoi y a-t-il des lettres dans la carrière de dressage ?

Le dressage se pratique dans un manège ou dans une carrière. Les panneaux avec les lettres tout autour servent de repères. Lors d'une reprise de dressage, le cheval et son cavalier exécutent des figures imposées à l'allure voulue à des endroits très précis. Ces exercices montrent le calme, la souplesse, la confiance et l'attention du cheval. Celui-ci doit évoluer en parfaite harmonie avec son cavalier. Un jury de spécialistes note chacune des figures de 0 à 10.

Comment le cavalier de dressage fait-il pour se faire obéir sans bouger ?

Cette discipline exige rigueur et précision. Le cavalier de dressage s'est entraîné pendant des années. Il maîtrise parfaitement son équilibre et sa complicité avec son cheval est telle que les aides naturelles de ses mains, de ses jambes et du poids de son corps sont à peine visibles de l'extérieur. Toutefois, le cheval les perçoit parfaitement. La moindre contraction du petit doigt du cavalier signifie quelque chose pour lui. C'est une mécanique vivante de haute précision !

Pourquoi les reprises de dressage se font-elles en musique ?

Cela dépend des compétitions. Certaines reprises avec figures imposées se font généralement dans le silence afin de ne pas troubler

la concentration extrême du cheval et du cavalier. Comme en patinage artistique, d'autres épreuves, appelées kür, sont libres et se pratiquent en musique.

Comment connaître toutes les figures de dressage ?

On dit qu'il faut toute une vie de cheval pour devenir un cheval de dressage. C'est aussi vrai pour le cavalier !
Les figures de dressage les plus sophistiquées sont appelées airs de Haute École. Les plus connues sont le changement de pied au galop, le piaffer, sorte de trot aérien sur place, le passage, un trot dansé, la pirouette, où le cheval pirouette sur ses postérieurs, les appuyers, où le cheval marche de côté, soit au pas, soit au trot, soit au galop. Mais il y en a bien d'autres ; il est impossible de toutes les énumérer.

Les chevaux de dressage sont grands. Ils sont appréciés pour l'amplitude de leurs allures et leur élégance. Dans cette discipline, ce sont les femmes qui sont les plus nombreuses. Car la force physique n'intervient pas. Ce sont des qualités de patience, de persévérance et d'humilité qui sont indispensables.

INCROYABLE !

Les compétiteurs de dressage sont surnommés gentiment les pingouins à cause de leur tenue vestimentaire.

Le concours de saut d'obstacles

- *Le concours de saut d'obstacles (CSO), aussi appelé jumping ou concours hippique, est une discipline olympique depuis 1900.*

- *Sport préféré des cavaliers français, il peut se pratiquer en compétition pour se faire plaisir ou se perfectionner. C'est un passage obligé pour aborder d'autres disciplines équestres qui comprennent des franchissements d'obstacles, comme le concours complet, le TREC ou même la randonnée.*

Pourquoi faut-il commencer par des concours d'entraînement ?

C'est le meilleur moyen de se préparer aux compétitions. Avant même de parler compétition, le cavalier qui veut sauter des obstacles doit acquérir une certaine technique. Il sait calculer les foulées du cheval avant l'obstacle et rester en parfait équilibre pour ne pas gêner sa monture quand il le franchit.

Pourquoi dit-on d'un cavalier qu'il a pris un « taxi » ?

C'est l'erreur la plus fréquente des débutants. Le cavalier a rompu son équilibre quand son cheval s'est élancé pour sauter et il ne s'est pas soulevé à temps sur ses étriers. Le résultat est qu'il est vivement projeté d'abord en arrière puis en avant. Avec de la chance, il reste en selle, sinon il est éjecté. Le cavalier a pris un « taxi » veut sans doute dire qu'il s'est fait « trimballer » comme dans un taxi.

Pourquoi tous les poneys ne sautent-ils pas ?

Parce que certaines races de poneys ne sont pas aptes à sauter, car leur morphologie n'est pas adaptée. De même, on ne voit guère de chevaux de trait en CSO ! Des compétitions sont réservées aux poneys excellents sauteurs comme les connemaras, car leurs performances physiques sont impressionnantes. Ainsi les jeunes cavaliers peuvent participer à des épreuves avec des poneys à leur taille.

Avant de participer au concours, le cavalier reconnaît le parcours à pied, mesurant les distances qui séparent les obstacles afin d'évaluer les foulées de son cheval.

Comment sont pénalisées les fautes ?

Certaines fautes sont pénalisées de quatre points, comme une barre tombée ou une dérobade. La chute du cavalier ou de sa monture ou trois refus sont éliminatoires.

Comment sont conçus les parcours ?

Un chef de piste est responsable du parcours, donc de la difficulté de l'épreuve. Les obstacles sont le plus souvent des barres de couleur disposées en barrière verticale ou bien en carré appelé oxer. Il en existe aussi en forme de haie, de rivière ou de mur en bois léger ou en plastique. Les combinaisons sont des suites de deux ou trois obstacles à enchaîner avec le minimum de foulées. C'est la hauteur et la disposition de ces obstacles qui déterminent la difficulté technique.

INCROYABLE !

Réalisé en 1949 et jamais égalé depuis, le record de saut en hauteur d'un cheval monté est de 2,47 mètres.

Le concours complet

- *Le concours complet, aussi appelé military, est la troisième discipline olympique.*
- *Véritable triathlon du cheval, il comporte trois épreuves qui demandent de grandes qualités sportives et morales au cheval comme au cavalier.*
- *Le dressage, le cross et le saut d'obstacles se déroulent sur deux, trois ou quatre jours selon le niveau de la compétition.*
- *Le cavalier monte le même cheval. Il existe des compétitions réservées aux poneys.*

Pourquoi cette discipline est-elle si complète ?

Parce qu'elle s'est développée à partir des compétitions de cavalerie du XIXe siècle, qui sélectionnaient les qualités de sauteur, de vitesse et d'endurance des chevaux. Depuis 1949, la plus prestigieuse des compétitions mondiales de complet a lieu à Badminton, en Grande-Bretagne.

Pourquoi l'épreuve de dressage est-elle si redoutée ?

Parce que le cheval doit rester très calme. Or, c'est aussi un athlète de haut niveau, plein d'énergie pour sauter les obstacles de cross ! Pour cette épreuve, le cheval est parfaitement toiletté et le cavalier porte une queue-de-pie. Les juges évaluent le calme, la souplesse des allures, la précision et l'exécution technique des figures.

Comment fait le cavalier pour connaître le parcours du cross ?

Les obstacles de cross ressemblent à des obstacles naturels : troncs, haies, murets, fossés, barrières, gués, talus en montée ou en descente. Dans les grandes épreuves, ils sont très gros et sont réservés aux as de la discipline. Parfois, le cheval doit sauter sans savoir ce qu'il y a derrière. Il fait entièrement confiance à son cavalier. Ce dernier prend connaissance du parcours à pied pour mieux étudier les difficultés.

Passage d'obstacle de cross.

Comment sont choisis les chevaux de concours complet ?

Pas facile d'être un super-héros à la fois en dressage et en obstacles !
Au cours de ce concours hippique, les chevaux passent deux inspections vétérinaires. Ils doivent être parfaitement entraînés, bien dans leur tête et très courageux. Les races le plus fréquemment utilisées sont les anglo-arabes et les selles français, ainsi que les connemaras pour les poneys. Cependant, les qualités exigées peuvent se trouver dans bien d'autres races.

Pourquoi dit-on que le cross est l'épreuve la plus spectaculaire ?

Pendant le cross, le cheval fournit des efforts soutenus sur une distance de plusieurs kilomètres.
Les obstacles sont fixes et, s'il les touche, le cheval peut chuter. Certains atteignent la taille d'une voiture ! Les combinaisons d'obstacles les plus difficiles peuvent être contournées, ce qui fait perdre du temps et diminue les chances de gagner.

INCROYABLE !

Un cross peut comporter quarante obstacles et se courir à 40 km/h de moyenne !

Les courses d'endurance

- *Les courses d'endurance consistent à parcourir de longues distances avec le même cheval.*
- *Les épreuves internationales se courent sur plus de 160 kilomètres à une moyenne de 20 km/h.*
- *Le vainqueur n'est pas forcément le premier arrivé, car il faut savoir ménager sa monture. Des contrôles vétérinaires sont effectués régulièrement. La France est la meilleure nation d'endurance au monde. Son palmarès est impressionnant.*

Comment sont nées les courses d'endurance ?

L'endurance à cheval est née dans les années 1970 en France et connaît depuis un succès mondial grandissant.
Aux États-Unis, les courses de longue distance existent depuis plus longtemps encore et s'inspirent du légendaire Pony Express, le facteur à cheval de l'Ouest américain qui bravait tous les dangers au triple galop.

Pourquoi ne peut-on pas faire toute la course au galop ?

Il existe deux types d'épreuves : à vitesse limitée ou à vitesse libre. Les premières se divisent en quatre phases de 20, 40 ou 60 kilomètres qui doivent se courir à des vitesses minimales et maximales. Le cavalier doit donc calculer sa vitesse et l'adapter aux circonstances du terrain et du climat. Les plus longues courses peuvent couvrir 200 kilomètres en deux jours sur six étapes à une vitesse minimale imposée.

Pourquoi parle-t-on de vet gate ?

C'est l'expression anglaise qui désigne l'endroit où se passent les contrôles vétérinaires. Plus la course est longue, plus les contrôles sont nombreux. Les chevaux sont arrêtés tous les 20 ou 30 kilomètres environ. Dès que le cavalier et son cheval entrent dans cette zone, le chronomètre s'arrête. Le vétérinaire contrôle le rythme cardiaque, l'hydratation et surveille la moindre

Départ d'une course d'endurance. Les chevaux qui participent à cette épreuve doivent être sobres, résistants et avoir un moral d'acier.

Comment sont entraînés les chevaux ?

Exactement comme s'entraînent les marathoniens. C'est-à-dire pratiquement tous les jours, à des rythmes plus ou moins intenses. Après une course difficile, ils ont plusieurs jours de repos total.

boiterie. S'il a un doute sur l'état du cheval, il l'exclut de la course.

Pourquoi faut-il arroser les chevaux d'endurance ?

Le rythme de ces courses est rapide et les chevaux, tout comme nous, se déshydratent en courant. Les concurrents doivent avoir une équipe d'assistance, souvent des membres de leur famille, qui les retrouve à certains points du parcours et leur fournit de l'eau. Les chevaux peuvent boire et, s'il ne fait pas froid, on les arrose pour faire baisser leur température corporelle.

INCROYABLE !

Le facteur du Pony Express parcourait 160 kilomètres par jour avec le même cheval !

Les pony-games

- *Comme leur nom l'indique, les pony-games sont des jeux de poneys destinés d'abord aux enfants.*
- *Le nom est anglais, car c'est en Angleterre qu'ils ont été inventés.*
- *La complicité des poneys avec leurs cavaliers est étonnante. Ils comprennent très vite ce qu'ils doivent faire : démarrer en trombe, piler ou tourner à toute vitesse.*
- *Ces jeux rencontrent un grand succès dans le monde de l'équitation. Il n'est pas question de gagner à tout prix, mais de se faire plaisir en participant avec enthousiasme.*

Comment sont fixées les règles des jeux ?

Les règles ont pour but de développer la maîtrise de la monture, l'aisance sur un poney et le respect d'autrui. Il existe beaucoup de jeux et on peut continuer à en imaginer d'autres. Certains, réservés aux cavaliers débutants, sont faits pour les mettre en confiance et travailler leur assiette. D'autres nécessitent d'avoir déjà une parfaite maîtrise de son équilibre et un poney aux ordres. Bref, il y en a pour tous les goûts.

Pourquoi faut-il s'entraîner ?

En fait, on s'entraîne en jouant. Comme il existe des championnats, il est préférable de se préparer si on souhaite y participer. Mais cela n'est pas indispensable. C'est dans les clubs hippiques que les enfants prennent goût aux jeux de poneys. C'est un excellent moyen de perfectionner leur technique équestre.

Pourquoi la taille des poneys est-elle importante ?

Certains jeux demandent de l'adresse, d'autres de l'équilibre ou de la rapidité, beaucoup exigent les trois ! S'il s'agit d'aller vite, les grands poneys sont favorisés ; s'il faut sans arrêt mettre pied à terre et remonter, avoir un petit poney est préférable. En compétition, la taille des poneys est donc prise en compte. À l'entraînement, on peut les mélanger. C'est même souvent plus drôle !

Le jeu du basket. *Il se joue avec quatre cavaliers. Il faut quatre cônes, cinq balles et un seau. Les coins sont disposés en ligne droite et un seau est placé derrière la ligne de fond. Le premier cavalier s'élance une balle à la main et la dépose dans le seau. En revenant, il prend une balle sur un cône et la donne au deuxième cavalier, qui s'élance et agit comme le premier. Le dernier cavalier franchit la ligne de départ une balle à la main. Si un cône ou le seau est renversé ou si une balle tombe, ils doivent être remis en place par le cavalier qui a commis l'erreur.*

Comment se faire obéir de son poney ?

Au début, les poneys peuvent se demander ce qu'attendent d'eux leurs cavaliers. Lors d'un gymkhana, qui est un parcours à exécuter entre des obstacles, dans des couloirs ou autour de cônes par exemple, en duel entre deux équipes, les poneys comprennent très vite que leurs cavaliers leur demandent d'aller le plus vite possible. Mais comme ils sont taquins, ils peuvent essayer d'éviter une difficulté. C'est tout l'intérêt du jeu et de l'entraînement. Les cavaliers apprennent ainsi avec patience à se faire obéir.

Comment s'appellent les jeux ?

Les noms évoquent le but du jeu et ressemblent à ceux des jeux à pied, comme la chasse au trésor, les gendarmes et les voleurs, Jacques a dit, etc. La Fédération d'équitation en a retenu trente-deux pour la compétition, qui se jouent individuellement, par paire ou par équipe. Le règlement interdit les éperons, la cravache et les mors trop durs. Certains noms, tels les cinq drapeaux, les deux tasses, les chaussettes ou la course à trois jambes, évoquent le matériel nécessaire pour jouer. Il s'agit d'enfiler des drapeaux dans des cônes, de mettre des chaussettes dans un seau, de courir à côté de son poney avec une jambe dans un sac ou encore de servir des tasses sur une table.

Comment se passent les compétitions ?

Lors des compétitions, les participants, garçons et filles, sont mélangés. Tous aident à monter les parcours et à installer le matériel nécessaire, ce qui les implique dans l'organisation. Les équipes sont souvent constituées de cinq cavaliers qui jouent sous forme de relais. Chaque cavalier participe au jeu où il est le plus adroit. Question de stratégie !

Pourquoi faut-il avoir l'esprit d'équipe ?

La notion d'équipe est la clé de la réussite. Pas question de jouer « perso » ! Ce n'est pas chacun pour soi, mais au contraire chacun pour tous. On apprend le vrai sens de la compétition en développant le respect de son poney, le respect des règles et le respect de l'autre. À l'entraînement, les groupes se forment par la motivation, ce qui favorise la solidarité et l'entraide. Les enfants de moins de huit ans peuvent concourir dans la catégorie « moustiques ».

Pourquoi faut-il être adroit et rapide ?

Dans un jeu, par exemple, le but est de poser une balle en équilibre sur un cône, puis d'en récupérer une autre sur un autre cône, pour la passer à son coéquipier. C'est l'équipe la plus habile et la plus solidaire qui gagne. Dans d'autres jeux, le cavalier doit descendre, marcher sur des plots en tenant son poney ou bien passer dans un pneu puis remonter au plus vite. Ou alors il doit crever des ballons de baudruche attachés au sol en passant au grand galop. Adresse et rapidité sont indispensables. Pour les jeunes de plus de quinze ans qui ne peuvent plus se passer

Le jeux des deux tasses *par équipe de quatre cavaliers. Il faut quatre piquets installés en ligne droite et deux tasses posées sur le premier et le troisième piquet. Les cavaliers n° 1 et n° 3 partent de la ligne de départ. Les cavaliers n° 2 et n° 4 partent de la ligne de fond. Le cavalier n° 1 s'élance, prend la tasse du premier piquet et la place sur le second, puis prend la tasse du troisième et la place sur le quatrième. Il franchit la ligne de fond et le cavalier n° 2 s'élance à son tour, déplace les tasses et ainsi de suite.*

des jeux, il en existe des spécifiques appelés mounted games.

Pourquoi les races de poneys sont-elles sans importance ?

Il n'y a pas de race de poneys idéale, tous sont susceptibles de participer. Il faut simplement les habituer aux jeux, les familiariser avec le matériel et les adapter à la taille des cavaliers. Ils doivent avoir bon caractère pour supporter sans broncher la proximité des autres poneys et les cris enthousiastes des participants et des spectateurs.

INCROYABLE !

On a dû inventer une catégorie « seniors » pour que les plus de vingt-six ans puissent continuer à jouer !

Le TREC, qu'est-ce que c'est ?

- *Ce mot bizarre signifie techniques de randonnée équestre de compétition.*
- *Cette discipline a été créée dans les années 80 en France pour répondre à la demande des cavaliers randonneurs.*
- *Il s'agit de tester les capacités du cavalier et de son cheval dans toutes les difficultés qu'ils peuvent rencontrer en randonnant dans la nature.*
- *Cela consiste en quatre épreuves qui demandent une grande complicité entre le cavalier et sa monture. Le cheval doit être endurant, fiable et courageux.*

Comment se déroule un TREC ?

Cette discipline repose surtout sur l'entente entre le cavalier et son cheval. Elle donne ses chances à tous types de chevaux, même ceux sans race reconnue. La première épreuve est courte : c'est la présentation du couple participant. La deuxième est un parcours en terrain varié, le PTV. La troisième est un parcours d'orientation en pleine nature. La quatrième est un test de maîtrise des allures dans des couloirs aménagés.

Pourquoi le couple doit-il se présenter ?

L'épreuve de la présentation du couple a pour but de tester les connaissances équestres du cavalier. Ce dernier explique à un jury pourquoi il a choisi un équipement plutôt qu'un autre. Son matériel doit être parfaitement entretenu et adapté au cheval. Il a aussi prévu des sacoches avec une trousse d'urgence pour lui et une autre pour le cheval. Le cavalier de TREC est capable de remettre un fer à son cheval, par exemple. Un contrôle vétérinaire vérifie le bon état du cheval.

Pourquoi le cavalier met-il parfois pied à terre ?

Lors de la deuxième épreuve, le PTV, le couple doit affronter une succession de difficultés. Celles-ci imitent les obstacles naturellement rencontrés comme des cours d'eau à franchir, des escaliers, des gués, des portails à ouvrir ou encore des troncs ou des fossés.

Parfois, le cavalier est obligé de descendre. Le cheval doit faire confiance à son cavalier et le suivre en toutes circonstances.

Comment est organisé le parcours d'orientation ?

Une vingtaine de minutes avant le départ de la troisième épreuve, le parcours d'orientation, le cavalier reçoit un itinéraire qui varie selon le niveau de la compétition de 12 à 60 kilomètres. Il doit le reporter sur une carte afin de le respecter parfaitement. Il passe par des postes de contrôle dont il ignore l'emplacement. Chaque erreur de parcours lui coûte des points de pénalité.

Pourquoi y a-t-il des couloirs installés ?

Ces couloirs larges d'environ 1, 50 mètre et longs de 100 à 150 mètres servent à la quatrième épreuve, celle de la maîtrise des allures. Le concurrent doit faire l'aller au galop le plus lent possible et le retour au pas le plus rapide possible sans jamais déborder du couloir aménagé avec des barres ou des rubans posés au sol.

INCROYABLE !

Il existe des épreuves de TREC pour attelages de un à quatre chevaux !

Les concours d'attelage

- *Autrefois, l'attelage de chevaux était le seul moyen pour se déplacer. Il existait toutes sortes de voitures hippomobiles, du fiacre léger aux lourdes diligences tirées par quatre ou six chevaux.*

- *On continue à atteler les chevaux pour maintenir la tradition et pour le sport.*

- *Conduire un attelage demande beaucoup d'entraînement. Il existe des compétitions d'attelage qui sont très impressionnantes à regarder. Certaines sont réservées aux jeunes et adaptées aux poneys.*

Comment se déroule une compétition ?

Elle est divisée en plusieurs catégories selon le nombre de chevaux attelés. Elle comporte trois épreuves : l'épreuve de dressage en carrière juge le style et l'élégance des attelages, qui doivent exécuter des figures imposées au pas ou au trot, par exemple décrire un cercle, les guides étant tenus d'une seule main ; les deux autres épreuves sont la maniabilité et le marathon.

Pourquoi la maniabilité est-elle si difficile ?

Pas facile de faire tourner un attelage à quatre chevaux autour de cônes surmontés d'une balle sans les renverser ! C'est ce qu'on demande dans cette épreuve. Le parcours est étroit et tourne dans tous les sens. La largeur de la piste correspond à celle des voitures. Cela demande beaucoup de précision de la part du meneur, celui qui dirige les chevaux. Chaque cône ou balle renversé entraîne une pénalité.

Pourquoi existe-t-il des concours d'attelage ?

En 1969, le prince Philip d'Angleterre, alors président de la Fédération équestre internationale, a reconnu officiellement les compétitions d'attelage.

Comment se passe le marathon ?

Aussi appelé routier, ce parcours teste la vitesse et l'endurance des chevaux. Il comporte

Comment apprend-on à un cheval à tracter ?

On lui apprend d'abord à porter le harnais, puis on lui fait traîner un poids. Lorsqu'il comprend qu'il n'a rien à craindre de ce qui le suit, il est prêt à accepter de tirer une voiture. Le meneur qui tient les guides est secondé par des grooms qui équilibrent le véhicule en se penchant.

Il ne faut pas traîner les jambes. Les chevaux doivent être obéissants et entraînés.

plusieurs parties selon le niveau de la compétition. Il y a toujours une épreuve qui sert à échauffer les chevaux sur environ 7 kilomètres à une vitesse imposée. Si le meneur pousse trop ses chevaux, il est éliminé. La partie la plus spectaculaire est celle où les concurrents doivent franchir toutes sortes d'obstacles sur une dizaine de kilomètres, zigzags, gués, ponts, virages serrés, à pas moins de 14 kilomètres à l'heure.

INCROYABLE !

Au Japon, il existe des courses de chevaux de trait tractant un traîneau d'une demi-tonne.

Le polo

- *Sport né il y a environ deux mille ans en Perse, le polo s'est développé en Inde lorsque ce pays était une colonie britannique.*
- *Appelé sport des rois, le polo est exigeant et coûteux. Il faut d'immenses terrains pour le pratiquer et chaque joueur doit disposer d'un piquet de quatre chevaux qui se relaient pendant les matchs.*
- *Pour rendre ce jeu trépidant plus accessible, on a inventé des règles plus faciles, avec des matchs qui peuvent se jouer dans des clubs hippiques.*

Comment se joue un match de polo ?

Un match se joue avec deux équipes de quatre joueurs et trente-deux chevaux en quatre périodes de sept minutes et demie. Chaque joueur doit changer de cheval à chaque période. Comme au football, le jeu consiste à envoyer une balle dans les buts de l'adversaire, mais à l'aide d'un maillet en bois. Le terrain, souvent en herbe, est très grand : 275 mètres par 145 mètres.

Pourquoi y a-t-il un équipement obligatoire ?

Le polo peut être dangereux à cause des coups de maillet et des chutes. Les joueurs doivent porter un casque bien attaché et des genouillères. Leur tenue est aussi réglementée : pantalon blanc, bottes marron. Des bandes de polo protègent les membres des chevaux. Pour que ceux-ci puissent tous être dirigés de la même manière, un double enrênement est aussi exigé.

Comment choisit-on les chevaux de polo ?

Ils doivent être très rapides et très maniables.
On parle souvent de poneys de polo, mais en fait leur taille varie entre 1, 52 et 1, 60 mètre.
Ce sont donc de petits chevaux. La race la plus performante est celle des criollos, chevaux de la pampa argentine. Ils sont parmi les plus robustes et les plus endurants, tout en ayant la rapidité des pur-sang anglais avec lesquels ils ont été croisés.

Grâce à ses chevaux, l'Argentine est devenue la meilleure nation de polo au monde.

Le polo n'est pas un sport très populaire, malgré les efforts faits par certains clubs pour le proposer aux enfants en jouant avec des poneys.

Pourquoi l'arbitre de polo est-il si sévère ?

Pour une question de sécurité. Les règles du polo sont faites pour éviter les accidents. Il est interdit de couper la route à son adversaire, de zigzaguer devant lui ou de bousculer volontairement son cheval. Le joueur le plus proche du trajet de la balle est prioritaire pour la frapper. Quant aux maillets, ils ne servent qu'à frapper la balle. L'arbitre, lui-même à cheval, est vigilant, car son rôle est très important.

Comment marche le paddock polo ?

Cette discipline a été inventée pour permettre à un plus grand nombre de cavaliers de pratiquer le polo. La durée du jeu a été ramenée à dix minutes afin que les mêmes chevaux puissent jouer tout le match. Les équipes ne comprennent que trois joueurs et les terrains sont beaucoup plus petits. Le paddock polo est facile à organiser et l'ambiance des matchs est excellente.

INCROYABLE !

À la demande des enfants, on a inventé le poney polo, qui peut même se jouer avec des shetlands !

Le horse-ball

- *On pourrait croire, avec un nom pareil, que ce sport est anglais ou américain. Pourtant, c'est un sport cent pour cent français !*
- *Habile mélange de basket-ball et de rugby à cheval, le horse-ball est le sport collectif des cavaliers.*
- *Il s'adresse donc à ceux qui ont l'esprit d'équipe tout en étant très dynamiques. Comme toute l'attention se porte sur le ballon, ils doivent être parfaitement à l'aise à cheval. Il existe des matchs pour cavaliers intrépides à partir de six ans sur des poneys shetlands.*

Comment est venue l'idée de ce sport ?

Un sport collectif à cheval existait à l'origine en Argentine : le pato.
Il s'agissait de se disputer un sac de cuir entre deux équipes. Les règles étaient simples mais brutales.
Ce sport fut interdit à la fin du XIXe siècle et resurgit cinquante ans plus tard sous une forme moins violente. Un compétiteur de saut d'obstacles français, le capitaine Clave, découvrit ce jeu et l'introduisit en France.

Comment se joue le horse-ball ?

Deux équipes de quatre cavaliers jouent en même temps sur un terrain qui peut avoir la taille d'un manège ou d'une carrière.
À chaque extrémité, on place un panier à 3,50 mètres du sol, comme au basket-ball. Un match dure deux fois dix minutes et les cavaliers gardent le même cheval. Le ballon est muni de six poignées pour qu'on puisse l'attraper et essayer de le mettre dans le panier adverse.

Pourquoi les joueurs se couchent-ils sur le côté ?

Pour saisir le ballon à terre en plein galop. Cela fait partie des règles du jeu : le cheval ne doit pas s'arrêter. C'est aussi un sport de contact comme le rugby, avec des remises en jeu, des touches et des passes. Un défenseur a le droit d'arracher le ballon des mains d'un attaquant. Pour qu'un point soit accepté, il faut qu'il y ait eu trois passes au minimum entre les joueurs d'une même équipe.

Comment sont équipés les joueurs ?

Les chocs sont nombreux. Alors, les cavaliers portent des casques, des gilets de protection et des genouillères. Les membres et les sabots des chevaux sont aussi protégés. Cela permet de leur donner les couleurs de l'équipe. Deux arbitres, un à cheval, un au bord du terrain, veillent au respect des règles. Tout le monde peut jouer au horse-ball à condition de ne pas craindre les bousculades. Les filles peuvent jouer avec les garçons, mais à haut niveau des championnats leur sont réservés.

Pourquoi les chevaux ont-ils une sangle sous le ventre ?

Les selles sont équipées d'une sangle qui relie les deux étriers par en dessous : la sangle de ramassage. Elle empêche la selle de tourner quand un cavalier se baisse à terre pour prendre le ballon. Les chevaux, de toutes races, sont plutôt petits, vifs et musclés. Ils sont dressés à répondre aux ordres des jambes des cavaliers, qui utilisent très peu les rênes. Ils n'ont peur de rien, et surtout pas des cris des supporters !

INCROYABLE !

Comme les chevaux se prennent au jeu et suivent le ballon, les cavaliers se servent peu des rênes.

La voltige

- *La voltige consiste à faire de la gymnastique sur le dos d'un cheval. C'est un moyen amusant de se sentir de plus en plus à l'aise et en confiance. En outre, cela entretient la forme physique du cavalier.*
- *C'est une discipline de compétition spectaculaire qui se pratique seul ou en équipe sur des figures libres ou imposées.*
- *Tout le monde peut pratiquer la voltige équestre dans les clubs hippiques. Il suffit d'avoir un bon cheval, patient et régulier, et un moniteur connaissant les figures de base.*

Comment est née la voltige à cheval ?

En France, la voltige faisait partie de l'éducation des chevaliers. Une chose est sûre : l'idée de faire des acrobaties à cheval vient de l'art de la guerre et a été reprise par les gens du cirque. En 1978, elle devient une discipline de loisir avec la création de l'Association sportive de voltige équestre. Puis, en 1985, elle est reconnue officiellement par la Fédération française d'équitation.

Comment commencer quand on n'en a jamais fait ?

Tout simplement en apprenant à bondir sur un cheval à l'arrêt puis à se mettre à genoux et debout sur son dos. Petit à petit, on fait des exercices de gymnastique de plus en plus difficiles selon ses capacités.
Quand on est à l'aise, on fait la même chose au pas puis au petit galop. On constate tout de suite qu'il est plus facile de sauter sur le dos d'un cheval au galop qu'à l'arrêt.

Pourquoi le cheval porte-t-il une sangle à poignées ?

C'est un surfaix de voltige. Ces poignées permettent aux voltigeurs de faire la plupart de leurs exercices. En dessous, on met un tapis avec de la mousse pour protéger le dos du cheval et amortir tous les chocs qu'il reçoit. En compétition, un cheval de voltige porte parfois huit voltigeurs !

Pourquoi le cheval s'élance-t-il parfois au grand galop ?

La compétition de voltige se fait sur un cheval qui tourne sur un cercle au galop. Il existe un autre type de voltige de spectacle dite en ligne, c'est-à-dire sur une ligne droite avec un cheval lancé au grand galop. On l'appelle aussi voltige cosaque, car les voltigeurs exécutent les mêmes acrobaties que les Cosaques. Ils se couchent sur le côté, passent sous le cheval, font le grand écart avec un seul pied dans l'étrier et d'autres exercices aériens !

Pourquoi le cheval doit-il être régulier ?

Le rôle du cheval et du longeur, qui le tient en longe et le fait tourner sur un cercle au galop, est très important. La clé de la réussite dépend de leur bonne entente. Le cheval de voltige doit être fiable, robuste et résistant, car il galope régulièrement pendant de longues minutes tandis que plusieurs voltigeurs dansent ou font des pyramides humaines sur son dos. Donc, pas question de faire le moindre écart !

INCROYABLE !

La poste hongroise consiste à diriger plusieurs chevaux, de cinq à dix, debout avec un pied sur chacun des deux derniers chevaux !

La monte en amazone

- *La monte en amazone était autrefois la manière de monter à cheval des dames. Comme elles ne portaient que des robes et des jupons, elles s'asseyaient à gauche, les deux jambes du même côté.*

- *Aujourd'hui, des femmes de plus en plus nombreuses s'intéressent à cette façon de monter. La Fédération d'équitation en a fait une discipline officielle et il est possible de passer ses examens en amazone !*

Pourquoi la selle d'amazone est-elle appelée selle à fourches ?

Parce qu'elle comporte deux fourches, des sortes de crochets qui permettent à la cavalière de caler sa jambe droite. La jambe gauche se place dans l'unique étrier. Dès le XIIe siècle, on s'est soucié d'inventer une manière de tenir à cheval en ayant les deux jambes du même côté. La sambue est l'ancêtre de la selle d'amazone. C'était une espèce de fauteuil en bois rembourré muni d'une planchette tenue par deux cordes pour poser les pieds.

Pourquoi les amazones montent-elles avec une longue cravache ?

Cette cravache se nomme un stick. Les amazones le tiennent dans la main droite et s'en servent pour remplacer la jambe du côté droit en tapotant légèrement à

l'emplacement du mollet. Comme le cheval n'est pas enserré par les jambes du cavalier comme dans la monte classique, la complicité entre l'animal et la cavalière doit être très grande. Les amazones utilisent aussi beaucoup leur voix.

Comment monter sur une selle d'amazone ?

La tradition veut que la cavalière soit aidée par un monsieur. Mais aujourd'hui les amazones sont des sportives et se débrouillent toutes seules en montant sur un tabouret ou un banc. Elles mettent leur pied

gauche dans l'unique étrier puis pivotent pour s'asseoir sur la selle et passer leur jambe droite sur les fourches.

Comment faire pour trotter enlevé en amazone ?

Il n'est pas possible de trotter en se soulevant une fois sur deux ! Les amazones ne trottent qu'assises : c'est un excellent moyen pour avoir une bonne assiette. De toute façon, grâce aux fourches de leur selle, elles peuvent aller à toutes les allures et même sauter, car leur équilibre est solide.

Pourquoi les amazones attachent-elles leurs cheveux ?

Les femmes d'aujourd'hui qui choisissent de monter en amazone le font par amour de la tradition. Pour respecter l'élégance des cavalières d'autrefois, elles aiment être gracieuses et joliment habillées. Elles soignent le moindre détail de leur tenue et se font des chignons qu'elles enveloppent dans une résille.

INCROYABLE !

Certaines amazones sont capables de faire exécuter les sauts d'école de Saumur à leur cheval !

La monte américaine

- *La monte américaine, aussi appelée monte western, est la façon de monter des cow-boys. C'est une équitation de travail. Les selles sont faites pour permettre de rester longtemps assis sur le cheval.*
- *Même si les cow-boys d'aujourd'hui utilisent des moyens modernes, le cheval reste un partenaire indispensable pour retrouver un veau égaré ou vérifier des kilomètres de clôtures et des points d'eau isolés.*
- *La monte western est aussi devenue une équitation de loisir.*

Pourquoi les cow-boys montent-ils avec des étriers si longs ?

Pour ne pas se fatiguer. Dans l'Ouest américain, les ranchs sont immenses. Un seul ranch peut être aussi grand qu'un département français ! Les cow-boys passent souvent des journées entières à cheval derrière le bétail. Il faut donc qu'ils soient assis confortablement, le corps et les jambes le plus droits possible.

Pourquoi tiennent-ils les rênes d'une seule main ?

Pour pouvoir éventuellement tenir un lasso de l'autre main ou ouvrir une barrière. Leurs chevaux sont dressés à la rêne d'appui, ainsi appelée parce que le cavalier appuie sur l'encolure avec la rêne opposée au côté où il veut tourner. Ils montent d'une manière très décontractée et gardent la plupart du temps les rênes très longues pour ne pas gêner leur cheval.

Pourquoi la selle western est-elle si grosse ?

La selle de cow-boy est large pour répartir le plus possible le poids sur le dos du cheval. Son énorme pommeau, une sorte de corne à l'avant, sert par exemple à enrouler le lasso quand on vient d'attraper une vache. Elle comprend aussi de nombreuses fixations pour attacher toute sorte de matériel,

comme une gourde, un imperméable ou une couverture.

Pourquoi dit-on que le cheval de cow-boy a le cow sense ?

Le quarter horse est le principal cheval des cow-boys. Depuis la conquête de l'Ouest américain, il est sélectionné pour travailler avec le bétail. Il connaît parfaitement le travail qu'on attend de lui. Il sait de lui-même partir à fond derrière une vache rebelle, s'arrêter net pour lui couper la route et la pousser vers le troupeau. C'est pourquoi on dit qu'il a le cow sense (le sens de la vache).

Comment s'appellent les compétitions de monte western ?

Elles sont nombreuses et portent des noms typiquement américains, comme le western pleasure, le trail, le western riding, le barrel racing, le reining ou le cutting. Toutes consistent à montrer l'adresse, la souplesse et le talent du couple cheval-cavalier avec le bétail. Certaines se pratiquent avec des vaches, comme le cutting, où il s'agit de sortir un veau du troupeau en deux minutes et demie.

INCROYABLE !

Certains chevaux de compétition américains sont dressés à tourner sur eux-mêmes à toute vitesse comme une toupie sur l'ordre de leur cavalier !

Les nouvelles disciplines

- *Le cheval a été utilisé pour travailler avec le bétail dans le monde entier. Il a aussi souvent participé aux fêtes et aux jeux des hommes.*
- *Dans différents pays, les cavaliers souhaitent que leur façon de monter ne soit pas totalement oubliée des générations futures.*
- *La Fédération d'équitation française a décidé de reconnaître de nouvelles disciplines. Ce que les chevaux faisaient pour le travail est devenu un moyen de montrer l'excellence de leur dressage lors de compétitions et aussi de protéger les traditions.*

Comment se déroulent les championnats d'équitation Camargue ?

Huit épreuves testent le courage, la maniabilité et l'obéissance des chevaux. Lors de la « courséjado », deux cavaliers doivent courser un taureau puis l'immobiliser à un endroit précis ; la « maniabilité » demande d'enchaîner dix obstacles, comme un slalom entre des piquets ou des bidons dans un temps imposé ; le « parcours de pays » est un tracé dans la campagne avec des obstacles naturels à franchir ; dans la « liberté », deux cavaliers doivent faire passer en trois minutes un cheval en liberté par des portes numérotées ; lors des épreuves de « reprise de travail », du « slalom parallèle », du « tri du bétail » et de la « course », les cavaliers reproduisent en rivalisant entre eux le travail qu'ils effectuent avec le bétail.

Pourquoi parle-t-on de doma vaquera ?

Ces mots espagnols signifient « dompter les vaches ». Les vaqueros sont les gardiens des taureaux de combat en Andalousie. Ils ont toujours utilisé des chevaux dans ce travail. C'est devenu une véritable tradition reconnue dans les compétitions.

Comment se passent les épreuves de doma vaquera ?

Dans cette discipline, les chevaux sont joliment toilettés, nattés et harnachés, et les cavaliers portent un élégant costume traditionnel. Lors d'une première épreuve,

Figure caractéristique et très impressionnante du reining : le sliding stop.

les concurrents doivent par exemple isoler d'abord une vache puis un taureau du troupeau et les faire tomber. Ensuite ils exécutent une sorte de reprise de dressage avec des figures imposées très gracieuses, basées sur les gestes du travail avec le bétail qui montrent le degré de dressage des chevaux.

Pourquoi le reining est-il la plus connue des épreuves américaines ?

Parmi les nombreuses compétitions de monte américaine, la Fédération d'équitation internationale n'a reconnu que le reining. C'est un parcours de présentation où le cavalier fait exécuter des figures impressionnantes à son cheval. Les plus connues sont le sliding stop, arrêt glissé où le cheval pile tout en glissant sur ses postérieurs et en pédalant avec ses antérieurs, les spins, où il pivote très vite sur un postérieur, ou encore les reculés en ligne droite à toute vitesse.

INCROYABLE !

Certains chevaux de cow-boys aiment tellement leur métier qu'il leur arrive de jouer à trier les vaches lorsqu'ils sont sans cavalier.

Pourquoi le hunter doit-il avoir du style ?

« Hunter » signifie « chasseur » en anglais. Cette discipline est très pratiquée en Grande-Bretagne et aux États-Unis. Elle est issue de la chasse à courre. Il s'agit de sauter des obstacles tout en comptant les foulées de son cheval et en exécutant des figures imposées comme des arrêts, des reculers, des changements de pied au galop. La tenue du cavalier et le toilettage du cheval doivent être impeccables. Le couple cavalier-cheval est jugé sur son style et son élégance.

Comment se joue l'equifun ?

Cette discipline a pour but de faire progresser les cavaliers tout en s'amusant et en se testant eux-mêmes. Sur des parcours comportant des difficultés tels des slaloms, des chicanes, un labyrinthe ou des cavalettis, une série de petits obstacles, les cavaliers s'entraînent à se faire obéir de leurs chevaux en toutes circonstances.
Il y a aussi des jeux d'adresse qui font travailler la maniabilité, comme le mât de cocagne : le cavalier tourne autour d'un poteau en tenant une corde qui y est attachée et en tenant les rênes de l'autre main.

Pourquoi le horse soccer a-t-il tant de succès ?

Le horse soccer est du football à cheval. Il se joue avec un ballon de caoutchouc ayant presque la taille d'un poney.
Ce jeu très drôle se joue surtout aux États-Unis, mais il plaît tellement aux enfants, qui le pratiquent à poney, que l'Europe en a fait une nouvelle discipline. Des moniteurs d'équitation s'en servent aussi pour mettre à l'aise leurs élèves ou les échauffer avant le travail. Il n'est pas rare que les chevaux frappent le ballon avec leur nez ou leurs antérieurs !

Pourquoi le bajutsu est-il réservé aux spécialistes ?

En plus d'être excellent cavalier, ce jeu demande énormément d'habileté. Inspiré des méthodes de combat des célèbres samouraïs japonais, le bajutsu est devenu à la mode à la fin des années 80.
Il s'agit d'un ensemble de techniques telles que le tir à l'arc, le lancer de javelot, le maniement du bâton, du sabre ou du « naginata », sorte

de hallebarde, tout cela à cheval et souvent au galop. La discipline comprend aussi des épreuves de dressage et de voltige, ainsi que du saut d'obstacles. C'est un spectacle impressionnant !

Comment est né le ski-joering ?

Les Scandinaves attellent des rennes depuis des centaines d'années pour se faire tirer à ski. C'est de là qu'est née l'idée du ski-joering, où le cheval remplace les rennes.

La Suisse organisa les premières courses à Saint-Moritz et en 1928 le ski-joering fut présenté pour la toute première fois dans cette ville lors des Jeux olympiques. Depuis 2001, il existe des championnats dans cette discipline époustouflante.

Pour éviter que les chevaux ne glissent sur la neige, on a créé des fers spéciaux qui ne collent pas à la neige et ne glissent pas, car dans l'épreuve de ski-joering le but est d'aller le plus vite possible. Par exemple, dans l'épreuve de vitesse, le cheval fonce sur une boucle de 1 500 mètres à une vitesse qui peut atteindre 50 km/h.

INCROYABLE !

Le horse soccer a été inventé par une Américaine qui voyait son cheval jouer avec un gros ballon en mousse !

La randonnée

- *Galoper sur une plage au soleil couchant, se promener à travers les vallées, les forêts et même en montagne au pas tranquille d'un cheval, traverser les rivières, parfois à la nage, prendre le temps d'admirer les paysages et les animaux, voilà ce qui fait le bonheur de la randonnée !*

- *Le cheval est un compagnon merveilleux pour découvrir une région ou même un pays. Il ne pollue pas, n'effraie pas les animaux sauvages et provoque la sympathie des gens.*

Comment savoir si on est capable de faire une randonnée ?

Il suffit d'être à l'aise aux trois allures pour faire une randonnée. On peut très bien commencer par une randonnée de deux ou trois jours pour s'habituer à rester longtemps à cheval. Un peu de gymnastique prépare bien les muscles. Pas besoin d'avoir des années d'équitation derrière soi, les chevaux de randonnée sont calmes et n'ont peur de rien.

Comment choisir sa randonnée ?

Des clubs spécialisés organisent tous types de randonnées. Le guide randonneur aime sa région et la plupart du temps les chevaux connaissent l'itinéraire. Il est possible de randonner dans toutes sortes de paysages : montagnes, collines, bords de mer, plages. On peut aussi choisir le confort de l'hébergement : en hôtel ou sous la tente.

Pourquoi les randonnées sont-elles dites itinérantes ou en étoile ?

Une randonnée itinérante dure souvent une semaine. Elle parcourt une vingtaine de kilomètres par jour, soit cinq à sept heures de cheval selon le terrain, en faisant une grande boucle pour découvrir la région. Dans une randonnée en étoile, on part le matin du même point dans une direction différente, d'où l'expression « en étoile ». Ce sont des randonnées plus faciles à organiser, car les chevaux et les randonneurs dorment au même endroit. Elles sont moins fatigantes, car on peut adapter le trajet

Pourquoi y a-t-il parfois des chevaux de bât ?

On randonne aussi à l'étranger et même dans des pays lointains.
Les voitures ne peuvent pas toujours rejoindre les lieux de bivouac et des chevaux supplémentaires, dits de bât, portent tout le matériel de camping et les bagages des randonneurs. Ces randonnées sont plus lentes, car il est difficile de galoper avec des chevaux lourdement chargés.

quotidien à volonté selon la forme des participants.

Pourquoi certaines randonnées se font-elles en bivouac ?

Les randonnées bivouacs sont celles où les randonneurs dorment sous la tente. Elles demandent une grande organisation pour héberger et nourrir les chevaux, transporter le matériel de camping, les bagages des randonneurs et préparer les repas. Une voiture d'intendance, souvent un 4 X 4, rejoint chaque soir les randonneurs à un point donné. Tout le monde se retrouve autour d'un feu de bois après avoir monté le camp.
C'est très sympa !

INCROYABLE !

Même éloigné de plusieurs jours de marche, un cheval retrouve son écurie tout seul.

Pourquoi les selles de randonnée ont-elles des sacoches ?

Les selles de randonnée sont larges et confortables pour le cheval et le cavalier. On peut y accrocher tout un tas de choses bien pratiques comme une gourde ou un imperméable. Les sacoches de selle servent à transporter, par exemple, la ration de midi du cheval, un pique-nique, un pull-over, un sac de couchage ou un appareil photo.

Pourquoi les chevaux de randonnée portent-ils des colliers et des croupières ?

Les randonneurs traversent toutes sortes de terrains. Parfois, les descentes et les montées sont raides. Le collier, qui passe sur le poitrail, empêche la selle de glisser vers l'arrière et la croupière, qui passe sous la queue, l'empêche de glisser vers l'avant.

Comment tenir les rênes en randonnée ?

Pas question de tendre les rênes en permanence comme au manège. Au pas, il faut laisser les rênes longues pour ne pas gêner la bouche du cheval. Au trot ou au galop, on peut les ajuster sans tirer et en restant bien décontracté, car les chevaux de randonnée sont faciles à monter. Ce sont des bourlingueurs expérimentés. Pendant les pauses, ils adorent brouter l'herbe qui s'offre à eux.

Pourquoi les cavaliers ne mettent-ils pas de bottes ?

Les bottes de caoutchouc ne sont pas confortables quand on reste des journées entières à cheval. Le cavalier randonneur préfère les boots, bottines en cuir, et les chaps, sortes de guêtres en cuir qui recouvrent soit le bas des jambes soit les jambes entières. Les chaps protègent des ronces, de la pluie et du vent.

Comment attacher son cheval en randonnée ?

Pendant les bivouacs et les pauses, les chevaux sont souvent attachés. Il est important d'apprendre à former un nœud qui se défait très vite en tirant sur un des bouts de la longe. De la sorte, si le cheval s'effraie ou s'il s'emmêle dans la corde, on peut le libérer facilement. Certains organisateurs emportent une clôture électrique avec une

Lors d'une pause durant une randonnée, ce cheval est attaché avec son licol à une branche souple. Ainsi, il ne risque pas de se prendre les pieds dans la longe.

Comment le guide randonneur se dirige-t-il ?

Il faut passer un examen pour être guide randonneur. Celui-ci doit surtout savoir se diriger avec une carte et une boussole. Mais la plupart des guides connaissent parfaitement leur région. Ils peuvent en parler pendant des heures et ne se perdent jamais. Avec eux, on apprend tout un tas de choses sur le pays. Ajoutons-y toutes les aventures qui leur sont arrivées et qu'ils adorent raconter.

batterie pour construire un parc démontable et ainsi pouvoir lâcher les chevaux.

Comment bien s'occuper de son cheval en randonnée ?

Les blessures de harnachement sont l'ennemi du randonneur. On les évite en vérifiant toujours avant de monter si tout est à sa place. Avant de partir pour la journée et juste avant d'arriver, le cavalier marche un peu à côté de sa monture. Cela permet à la selle de masser le dos du cheval. Il faut aussi souvent vérifier si un caillou ne s'est pas glissé sous un sabot et s'assurer que le cheval boit à sa soif.

INCROYABLE !

Un truc de randonneur : une chambre à air de vélo passée autour de la sangle protège le cheval des blessures du frottement.

Des vacances à cheval

- *Si les randonnées sont trop fatigantes pour les jeunes enfants, d'autres possibilités pour passer des vacances à cheval existent.*
- *Les poney-clubs proposent souvent des stages de vacances et transportent même parfois leurs chevaux dans d'autres régions.*
- *Il existe aussi des clubs spécialisés dans l'organisation de stages durant les vacances scolaires.*
- *Les vacances en roulotte sont une autre solution pour les familles qui ont de jeunes enfants.*

Pourquoi un stage peut-il se dérouler pendant les vacances ?

Un stage d'équitation est un excellent moyen pour progresser. D'habitude, on ne monte en moyenne qu'une heure par semaine. Au programme d'un stage, il y a au moins trois heures d'équitation par jour, auxquelles s'ajoutent des cours d'hippologie, c'est-à-dire de connaissance du cheval. Les stagiaires vivent à côté des chevaux toute la journée et échangent entre eux toutes leurs expériences. L'ambiance est garantie !

Comment choisir son stage d'équitation ?

Choisir un stage dans un autre club ou une autre région est l'occasion de sortir de la routine. Toutes sortes de stages sont offertes. Tout dépend de ce que l'on cherche : perfectionner ses connaissances de base, sa technique à l'obstacle ou en dressage, ou encore s'initier à la voltige. Un stage permet de monter des chevaux nouveaux, de découvrir des moniteurs différents et de rencontrer d'autres passionnés.

Comment passer des vacances à cheval au bord de la mer ?

Le meilleur moyen est de choisir un club situé au bord de la mer qui propose des stages. Des sorties sur la plage seront sûrement prévues, car beaucoup de cavaliers les demandent. Si on est suffisamment bon cavalier, on peut aussi s'inscrire pour une promenade sur la plage. Au bord de la mer, énormément de clubs en

proposent. Mais attention, certains ne sont pas très sérieux ! Il faut oublier les clubs qui emmènent des gens qui ne sont jamais montés à cheval.

Pourquoi les vacances en roulotte sont-elles si demandées ?

Parce que c'est une formule idéale pour les familles ! La roulotte est une vraie maison ambulante : on y fait la cuisine, on y dort. Elle est tirée par un cheval de trait puissant et si gentil que même des débutants peuvent le conduire. Le cheval connaît bien son métier. À 6 km/h, il emmène une famille entière sur des circuits organisés avec des gîtes d'étape.

Comment trouver un gîte d'accueil pour son cheval ?

Si on part avec son propre cheval, il faut se renseigner et tout organiser à l'avance. Les campings à la ferme et gîtes d'étape qui acceptent les chevaux sont de plus en plus nombreux. Ils sont dirigés par des gens qui connaissent les chevaux et en possèdent eux-mêmes. C'est donc sans souci pour le client. Il est indispensable de réserver sa place, surtout pendant les grandes vacances, car les places sont limitées. Le transport du cheval doit être fait par le propriétaire.

INCROYABLE !

En France seulement, plus d'un million de cavaliers pratiquent le tourisme équestre !

Transporter un cheval

- *Deux sortes de véhicules permettent de faire voyager les chevaux : la remorque qu'on attelle à une voiture, appelée van, et le camion.*

- *Il existe des vans à une ou deux places ; les camions spécialisés peuvent transporter, selon le modèle, de deux à vingt chevaux.*

- *Un permis de conduire spécial est nécessaire dans certains cas. La voiture qui tire un van doit être lourde et puissante. Il faut conduire doucement et prudemment.*

Comment choisir entre camion et van ?

Pour un propriétaire, le plus pratique est le van tracté par une voiture. Une fois sur place, il peut être dételé et la voiture reste disponible.
La formule du camion est cependant plus confortable pour le cheval, car il est moins ballotté. Peu de gens peuvent se permettre l'achat d'un camion, mais il est possible d'en louer un.

Comment apprendre à un cheval à embarquer ?

Un cheval qui n'est jamais monté dans un van ou un camion hésitera forcément, car à ses yeux l'intérieur n'est qu'un trou sombre.
Il est indispensable de l'habituer à l'avance avec patience. La première fois qu'il accepte de monter, il faut le récompenser et le ramener aussitôt dans son box. Lorsqu'il a compris qu'il n'y a aucun danger, on peut lui faire faire de courts trajets.
Ainsi, il prendra petit à petit l'habitude des voyages.

Pourquoi met-on des protections aux chevaux transportés ?

Lors d'un freinage ou dans un virage, le cheval peut perdre l'équilibre et se cogner. Pour éviter toute blessure aux membres, on lui met des guêtres de transport matelassées qui remontent très haut et couvrent presque les sabots. On peut aussi protéger sa queue des frottements avec une bande enroulée ou un protège-queue. Pour les chevaux peureux, un licol rembourré évite qu'ils reçoivent un coup sur la nuque en levant brutalement la tête.

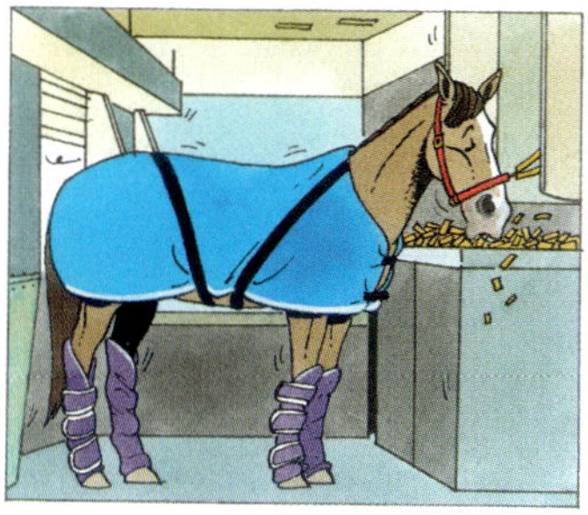

Comment occuper un cheval pendant le transport ?

Pendant le transport, le cheval doit sans cesse veiller à son équilibre. Cette vigilance n'est pas habituelle pour lui. Parfois, lorsqu'il en a assez de ce box qui n'arrête pas de bouger, il donne des coups de pied d'agacement.
Le meilleur moyen de l'occuper est de lui attacher un filet à foin sous le nez. Il se rassure ainsi en mâchouillant.

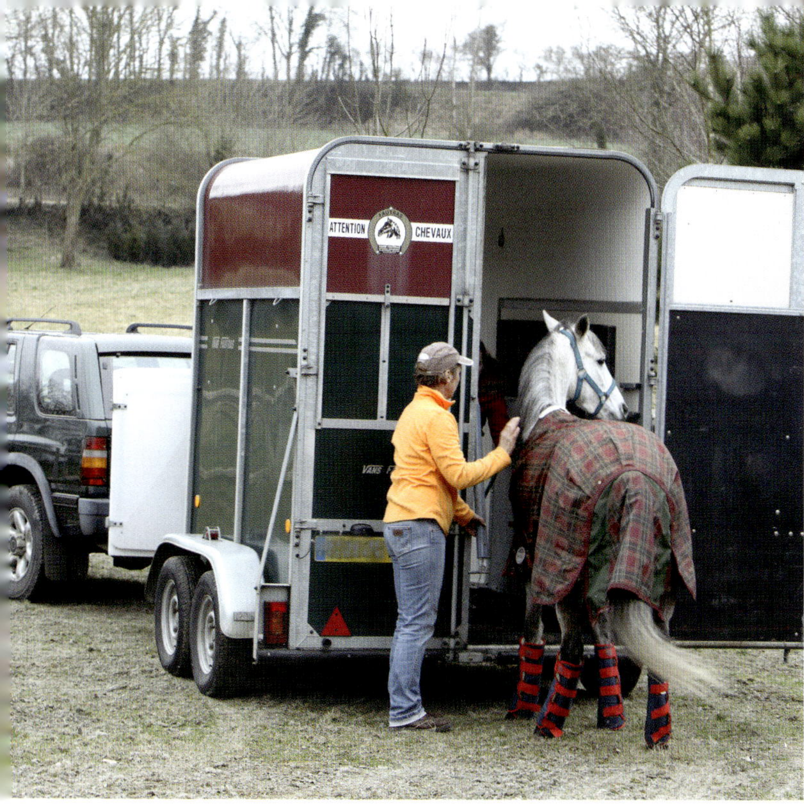

Pourquoi faut-il s'arrêter toutes les deux heures ?

Pour les longues distances, il est nécessaire de faire des arrêts réguliers afin de donner à boire au cheval et de lui laisser le temps de se reposer.
Une fois l'animal arrivé à destination, il est recommandé de le faire marcher une dizaine de minutes pour détendre ses membres et ses muscles avant de le rentrer dans son box.

INCROYABLE !

Certains chevaux de course et de compétition de haut niveau prennent l'avion pour les très longs voyages.

Les courses

- *Les courses de chevaux passionnent les hommes depuis l'Antiquité. Les peuples cavaliers comme les Arabes ou les Mongols entraînaient déjà leurs chevaux à la vitesse.*
- *Les courses de galop telles que nous les connaissons sont nées en Angleterre au XVIIe siècle. Elles furent si appréciées du public qu'on créa le Jockey-Club en 1750 pour organiser les paris. La France fut rapidement gagnée par la fièvre des hippodromes. Elle possède à elle seule plus d'hippodromes que tous les autres pays d'Europe réunis.*

Comment est né le PMU ?

En France, la Société d'encouragement, née en 1833, est devenue France Galop. Elle a pour mission d'organiser les courses de galop et les paris.
Le PMU, Pari mutuel urbain, enregistre les sommes d'argent pariées sur les chevaux.

Pourquoi les départs de course se font-ils dans des cages ?

Les courses de plat au galop se courent sur des distances variant de 1 200 à 3 000 mètres.
En France, elles se déroulent le plus souvent sur 2 400 mètres à une vitesse de 60 km/h, les pur-sang anglais étant les chevaux les plus rapides du monde.
Il est important de ne pas perdre de temps au départ. Chaque concurrent entre dans une starting-gate qui s'ouvre en même temps pour tous et évite les faux départs.

Pourquoi parle-t-on de handicap ?

Le handicap est le poids supplémentaire que doit porter un cheval dont les performances sur plusieurs courses sont excellentes, dans le but de laisser une chance aux autres. Si le jockey avec son équipement n'est pas assez lourd, on glisse de petites plaques de plomb dans les poches d'un tapis de selle spécial.

Pourquoi les jockeys sont-ils pesés ?

Les jockeys sont pesés avant la course avec leur selle, qui est très légère. On vérifie surtout qu'ils

ne sont pas en dessous du poids que doit porter leur cheval. Les jockeys arborent une toque et une casaque – une chemise – aux couleurs du propriétaire du cheval qu'ils montent.

Pourquoi les chevaux tournent-ils en rond avant la course ?

Avant chaque course, les chevaux marchent en rond sans cavalier, tenus en main par un groom dans le « rond de présentation ». Cela permet au public de les voir de très près et les turfistes peuvent ainsi apprécier la forme physique et les allures de chaque coursier.

Comment est née l'idée du steeple-chase ?

Le steeple-chase est une course avec obstacles. Il a pour origine les courses au clocher, où les chevaux devaient rallier à toute vitesse à travers champs et toutes sortes d'obstacles les églises de deux villages. Contrairement aux courses de haies, où les chevaux peuvent sauter les obstacles sans danger, ceux du steeple-chase sont difficiles. Le Grand National de Liverpool, avec ses 23 obstacles et ses 5 800 mètres de course, est le plus célèbre.

INCROYABLE !

L'obstacle appelé « juge de paix » de l'hippodrome d'Auteuil fait plus de 4 mètres de largeur, 1, 60 mètre de hauteur et exige un saut de 8 mètres de longueur !

Les courses de trot

- *Les courses de trot attelé sont très populaires dans le monde entier. Les premières ont eu lieu en Normandie en 1836. Cette région est le berceau de la race des trotteurs français.*
- *Avant de pouvoir participer à des courses, les trotteurs doivent passer des épreuves de sélection et parvenir à trotter un kilomètre sans prendre le galop dans un temps réglementé.*
- *En France, il existe aussi des courses de trot monté. Elles servent à améliorer la race, car elles développent force et endurance chez les chevaux.*

Comment se font les départs ?

L'autostart est une voiture munie de grands bras-barrières pliants. Tous les chevaux sont alignés derrière les bras mécaniques et le véhicule démarre lentement. Lorsqu'elle atteint la ligne de départ, la voiture accélère d'un seul coup et les bras sont repliés. Ainsi, tous les chevaux partent ensemble. Lorsqu'il y a des handicaps, les départs sont donnés à l'élastique. Les chevaux avec handicaps partent quelques mètres derrière les autres parce qu'ils sont les meilleurs.

Pourquoi les jockeys sont-ils assis sur des sulkys ?

Le jockey de trot est appelé driver. Son poids est réparti sur le sulky de manière à gêner le moins possible l'effort fourni par le cheval.

Comment s'appelle la voiturette que tirent les chevaux ?

C'est le sulky. Au trot attelé, les chevaux trottent extrêmement vite sur des pistes spécialement aménagées dans des hippodromes qui leur sont réservés. Au fil du temps, les sulkys sont devenus très légers et cela permet d'aller encore plus vite. Les courses se disputent sur des distances qui varient entre 1 600 et 3 400 mètres.

Comment font les trotteurs pour ne pas galoper ?

En course, à la moindre foulée de galop, le cheval est éliminé. Le trot de course n'est pas naturel, mais le résultat d'un

HIPPODROME DE PARIS-VINCENNES

Pourquoi l'hippodrome de Vincennes est-il si connu ?

Parce que c'est le temple du trot : des courses y ont lieu pendant presque toute l'année, dont la plus célèbre, le Prix d'Amérique, qui réunit les meilleurs trotteurs du monde entier. C'est à Vincennes que des champions aux noms célèbres ont été consacrés : Roquépine, Gélinotte, Ourasi ou Idéal du Gazeau.

dressage. Les trotteurs sont une race sélectionnée depuis plus de deux siècles. Les poulains trotteurs d'aujourd'hui naissent avec des qualités innées au trot. Néanmoins, comme une faute est toujours possible, des rênes spéciales maintiennent haute la tête des chevaux, ce qui les gêne pour galoper.

Les trotteurs travaillent environ six jours sur sept. Ils s'entraînent sur de longues distances à un trot cadencé pour gagner du souffle et de l'endurance. Deux fois par semaine, ils trottent à vive allure sur quelques kilomètres seulement. On appelle ce trot le « flying trot » (trot volant).

INCROYABLE !

En Suisse, à Saint-Moritz, sont organisées des courses de trot sur neige avec des sulkys-traîneaux !

Le cheval, animal de compagnie

- *Grâce aux poneys, un grand nombre d'enfants sont devenus des cavaliers. Dans les poney-clubs, les filles sont en écrasante majorité.*
- *En France, on estime qu'un million de personnes montent à cheval. Mais un phénomène nouveau est né : de plus en plus de propriétaires de chevaux ne les montent pas ! On a même inventé une race de chevaux miniatures qui ne peut pas être montée, les falabellas.*
- *Au XXIe siècle, le cheval est considéré comme un animal de compagnie.*

Pourquoi les cavalières sont-elles bien plus nombreuses que les cavaliers ?

Personne ne sait vraiment. On ne peut qu'avancer certaines réponses. Avec les poneys, les filles ont l'occasion de « pouponner ». Elles adorent les brosser, les natter, les câliner. Monter sur le dos d'un poney n'est pas, à leurs yeux, un exploit, puisqu'elles le considèrent comme un ami. Les garçons sont plus attirés par des sports qui les valorisent, qui prouvent qu'ils sont des hommes en devenir.

Pourquoi parle-t-on d'équitation éthologique ?

L'éthologie est la science qui étudie le comportement animal. Celui des chevaux

a surtout été étudié en captivité. On a observé leurs instincts de base et leurs besoins vitaux. Cela a permis de mieux adapter la façon de s'occuper des chevaux et de les monter. On sait par exemple qu'un cheval est beaucoup plus heureux au pré qu'en box. Certains cavaliers montent leurs chevaux sans rênes ni selle, car une relation de confiance s'est établie. L'équitation éthologique est à l'écoute du cheval.

Pourquoi fait-on parfois appel à l'ostéopathie ?

Chez l'être humain, l'ostéopathe est une sorte de médecin qui soigne par la manipulation des vertèbres, des membres, des muscles,

Comment vieillissent les chevaux ?

Comme les gens, les chevaux, au XXIe siècle, vivent de plus en plus vieux. Les agriculteurs sont très nombreux à louer des prés à des propriétaires qui veulent offrir une retraite heureuse à leurs chevaux. Les chevaux de club sont pour la plupart placés chez des particuliers qui veillent avec bonté sur leurs vieux jours. Il existe aussi des associations qui s'occupent des vieux chevaux et des chevaux maltraités.

La balnéothérapie pour chevaux, cela existe et c'est l'idéal pour soigner l'arthrose, les tendinites. L'animal peut effectuer des mouvements sans effort puisqu'il est « porté » par l'eau.

des viscères, du crâne. Il y a une vingtaine d'années, un vétérinaire s'est formé à cette médecine et a pensé à l'appliquer aux chevaux. Il a obtenu des résultats spectaculaires. De nombreux vétérinaires l'ont imité.

INCROYABLE !

Dans un centre de retraite pour chevaux, un cheval a atteint l'âge de quarante-quatre ans (la moyenne est de trente ans).

Les chuchoteurs

- *C'est le film « L'homme qui murmurait à l'oreille des chevaux » qui a fait connaître au monde entier le phénomène qu'on a appelé les chuchoteurs.*
- *Les chuchoteurs sont des cow-boys qui ont expérimenté une autre méthode que la force pour dompter les chevaux.*
- *Ils ont tout simplement pris le temps d'observer ces animaux. Puis ils ont mis au point des techniques douces pour mieux faire comprendre aux chevaux ce qu'on attend d'eux.*

Pourquoi les chuchoteurs parlent-ils de « join-up » ?

C'est une de leurs techniques, qui consiste à convaincre le cheval de suivre l'homme. Dans un enclos, le dresseur repousse systématiquement le cheval lorsqu'il ne se soucie pas de l'homme. Dès que son attention porte sur lui, le dresseur arrête tous ses gestes. Le cheval finit toujours par choisir d'aller vers l'homme de son plein gré.

Comment fonctionne la méthode ?

Le principe est de communiquer avec les chevaux, et non pas de leur imposer sa volonté. L'homme doit essayer de voir les choses du point de vue du cheval. Par exemple, si un cheval refuse de passer à côté d'un morceau de bois, plutôt que de l'y contraindre, il faut comprendre que pour lui ce morceau de bois n'en est pas un. Il est peut-être en train de se demander : « N'est-ce pas un serpent ? » Le dresseur doit au contraire le rassurer, lui prouver qu'il n'y a aucun danger. Ainsi, petit à petit, le cheval a de plus en plus confiance en l'homme.

Comment appliquer la méthode des chuchoteurs ?

Être chuchoteur, c'est d'abord savoir observer. Le langage des chevaux est surtout gestuel. Tant qu'on n'est pas capable de le décoder, on ne peut pas utiliser la méthode de ces nouveaux maîtres.

Extrait du film « L'homme qui murmurait à l'oreille des chevaux ».

Pourquoi organisent-ils des stages ?

Les premiers chuchoteurs ont eu de nombreux disciples qui sont devenus à leur tour les nouveaux maîtres. Certains deviennent des spécialistes des chevaux difficiles. D'autres proposent des stages pour des cavaliers qui souhaitent simplement mieux comprendre leurs chevaux.

Comment Monty Roberts est-il devenu connu ?

Grâce à son livre « L'homme qui sait parler aux chevaux », qui raconte sa vie. Monty est né en Californie en 1935 dans le monde des cow-boys. Comme il avait un père très brutal avec lui, il prit l'habitude de trouver refuge près des chevaux, qui étaient, dit-il, beaucoup plus gentils. Dès treize ans, il partait souvent tout seul étudier le comportement des mustangs sauvages dans le désert du Nevada. Il en acquit la ferme certitude que le respect mutuel et la confiance sont plus efficaces que la violence.

INCROYABLE !

Avec cette méthode, Monty Roberts a réussi à apprivoiser et à monter un mustang sans violence et sans l'enfermer dans un enclos.

Les métiers du cheval

- *Exercer un métier ayant trait aux chevaux est le rêve de beaucoup de jeunes cavaliers.*
- *Vétérinaire équin et maréchal-ferrant sont des professions d'avenir, mais difficiles.*
- *Certains métiers ne s'exercent pas directement avec les chevaux mais peuvent être en rapport avec le monde des chevaux : ingénieur agronome, journaliste, comptable, juriste.*

Pourquoi le métier de vétérinaire est-il considéré comme difficile ?

Parce que les études sont longues et le travail n'est pas de tout repos. Le vétérinaire pour chevaux doit sans arrêt se déplacer pour rencontrer ses « patients », parfois tard le soir et le week-end. Mais c'est un beau métier où on ne cesse d'apprendre.

Pourquoi y a-t-il peu de femmes maréchaux-ferrants ?

Parce que ce métier demande un dos solide et de bons biceps.

Il existe des écoles publiques et privées qui forment les apprentis. Le maréchal-ferrant prépare les fers avec une forge qu'il emporte dans sa camionnette. Il coupe la corne trop longue des sabots et adapte les fers à chaque cheval. C'est un spécialiste des pieds très précieux pour ses clients. Il gagne bien sa vie.

Comment devient-on éleveur ou cavalier professionnel ?

Ces deux métiers ont très peu de débouchés, car ils exigent une parfaite connaissance du milieu des chevaux. Il se passe beaucoup d'années avant qu'on puisse gagner sa vie en élevant des chevaux ou en faisant de la compétition.

Pourquoi les palefreniers sont-ils si utiles ?

On peut devenir palefrenier avec un CAP agricole. Le rôle du palefrenier est

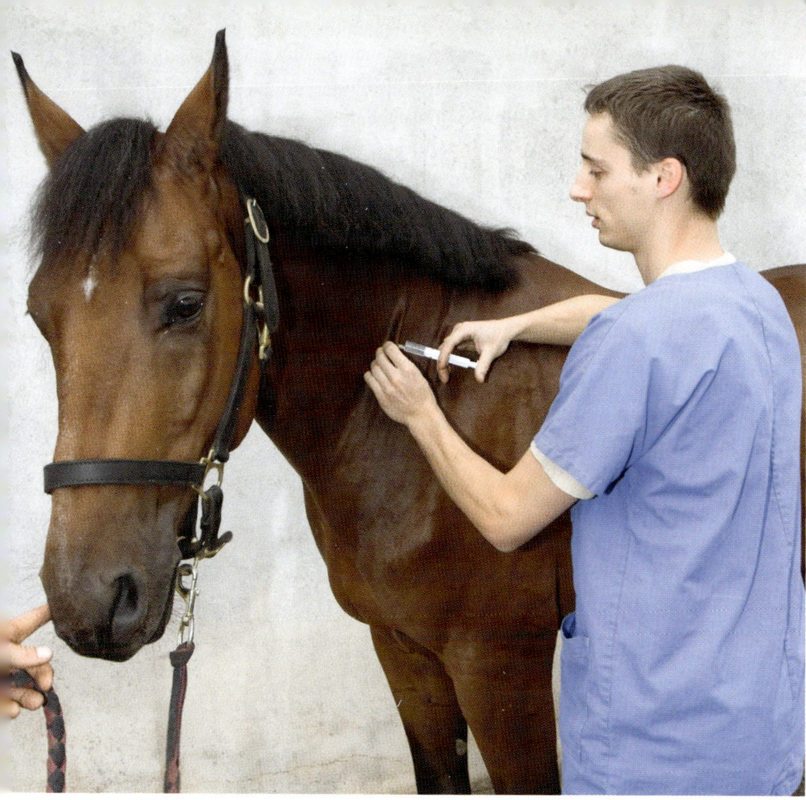

Pour être vétérinaire, les études sont longues : quatre à cinq ans après le bac.

très important, c'est la « nounou » des chevaux. Il nettoie leurs box quotidiennement, les nourrit trois fois par jour, les surveille, les panse, les soigne, les entraîne, veille sans cesse à leur confort, sait prévoir les maladies. Il a la passion des chevaux. Dans les écuries de courses, les palefreniers sont appelés lads, mais seuls les plus légers et les plus doués deviennent jockeys.

Comment faire pour devenir moniteur ?

Il faut passer un BEES (brevet d'État d'éducateur sportif). Pour se présenter à cet examen, on doit avoir 18 ans, le Galop 7 et le brevet de secouriste. Un enseignant d'équitation passe plus de temps à pied qu'à cheval. C'est souvent lui qui fait aussi une partie du travail de palefrenier. Un moniteur ne compte pas ses heures de travail, mais si on aime les chevaux, transmettre son savoir et vivre en plein air, c'est un beau métier.

INCROYABLE !

Certaines personnes se déclarant médiums disent communiquer avec la pensée du cheval !

Les chevaux de spectacle

- *Le cirque, né en Angleterre à la fin du XVIIIe siècle, a commencé uniquement avec des chevaux. Des écuyers célèbres faisaient des démonstrations de Haute École sur une piste ronde d'un diamètre de 13 mètres recouverte de sciure.*

- *Dès le début du cinéma, les chevaux ont été les vedettes de nombreux westerns et films historiques. Puis on les a vus dans des films qui racontaient leur histoire, comme « Milady », « L'étalon noir », « Seabiscuit » ou « Hidalgo ». On leur a fait faire toutes sortes de cascades.*

Pourquoi les chevaux de cirque sont-ils souvent de la même couleur ?

Sur une piste de cirque, les chevaux évoluent sans cavalier, tous ensemble sous les ordres d'un dresseur à pied. À la même seconde, ils font demi-tour, tournent sur eux-mêmes, se cabrent, s'entrecroisent ou font la révérence. S'ils sont tous de la même couleur, c'est encore plus joli. Il existe aussi des numéros comiques et des tours de force où les chevaux galopent avec un fauve sur le dos, par exemple.

Pourquoi Bartabas a-t-il inventé le théâtre équestre ?

L'écuyer français Bartabas propose des spectacles très différents. Il dit lui-même présenter « un théâtre ou un cabaret équestre ». Toutes sortes de chevaux en sont les vedettes. Accompagnés de musique classique, de danse, de mime, de chants, ils forment de véritables tableaux vivants. Chaque cheval est mis en valeur par ce qu'il fait le mieux ou par ses performances. Ces spectacles ont conquis le monde entier.

Comment se déroulent les spectacles équestres ?

Les spectacles équestres proposent de la voltige, des carrousels, des reconstitutions historiques, toutes sortes de cascades et aussi des numéros comiques : par exemple, un cheval en pyjama se couche dans un lit, pose sa tête sur l'oreiller, puis tire une couverture sur lui.

Comment sont tournées les scènes de bataille ?

Aujourd'hui, les chevaux sont dressés à faire toutes sortes de choses : tomber en plein galop ou se coucher à la demande, tirer des attelages ventre à terre, traverser des barrières de feu ou sauter d'une falaise. Mario Luraschi est le plus célèbre cascadeur équestre. Il a participé à plus de 300 films. Il possède des dizaines de chevaux dressés uniquement pour le spectacle.

Lorenzo, un artiste originaire de Camargue, est célèbre pour ses exercices avec des chevaux en liberté. Il arrive à leur faire sauter des obstacles sans rênes tout en étant debout sur leur dos.

Pourquoi les chevaux sont-ils parfois doublés au cinéma ?

Pour tenir le rôle d'un cheval particulier, plusieurs chevaux sont utilisés, car un seul animal ne peut réussir tout ce qui est indiqué dans le scénario. Parfois, pour éviter les risques de blessure, on préfère faire appel à une doublure plus robuste. Chaque doublure a sa spécialité et ses talents.

INCROYABLE !

Les chevaux, comme les acteurs, sont maquillés pour ressembler exactement aux vedettes qu'ils doublent.

Des exploits d'endurance

- *Certains scientifiques qui ont étudié l'intelligence et la mémoire des chevaux disent qu'ils sont aussi faciles à dresser que les chiens. Ils ont démontré qu'ils étaient capables de reconnaître près de 200 mots différents et même quelques associations de mots.*
- *Moins connus sont leurs exploits d'endurance. Les histoires de quelques cavaliers qui ont entrepris pour des raisons différentes de parcourir à cheval des distances inimaginables en sont la preuve.*

Pourquoi Serko est-il célèbre en Russie ?

Petit cheval gris d'un Cosaque prénommé Dimitri Pechkov, Serko a parcouru toute la Russie en plein hiver sibérien. Pechkov voulait battre le record de la traversée de la Russie et prouver la qualité de son cheval d'arme. Il est parti le 7 novembre 1889 de Blagovechtchensk, une ville complètement à l'est de la Russie, et est arrivé à Saint-Petersbourg le 19 mai 1890, après avoir parcouru plus de 9 000 kilomètres ! Son cheval, âgé de treize ans, était en pleine forme.

Comment a-t-il pu résister à l'hiver sibérien ?

Le froid, le vent glacial, la neige, les animaux sauvages, les fleuves gelés, le manque de nourriture,

les brigands, les trafiquants d'armes et de fourrure, les forçats évadés, etc. : ils ont tout surmonté. Il paraît que Dimitri a même bu un peu de sang de Serko pour ne pas mourir de faim ! Quant au cheval, il a mangé tout ce qu'il trouvait.

Comment des chevaux peuvent-ils survivre dans le désert ?

Une Française, Jacqueline Ripart, les a étudiés. En fait, les chevaux parcourent de grandes distances pour trouver les puits et brouter les pâtures que font naître les rares pluies. Ils ont appris à se passer d'eau pendant plusieurs jours. Cette adaptation a provoqué une transformation de leur système digestif. Leurs reins sont devenus de véritables économiseurs d'eau.

Arrivée triomphale de Jean-Louis Gouraud, éditeur et randonneur, sur la place Rouge de Moscou. Il a relié Paris à Moscou, soit 3 333 kilomètres en 75 jours avec deux chevaux trotteurs qu'il montait alternativement pour les économiser.

Pourquoi parle-t-on des chevaux miracles de Namibie ?

En 1989, un troupeau de chevaux sauvages est repéré en plein désert du Namibe, au sud-ouest de l'Afrique. Abandonnés par des militaires allemands lors de la guerre contre l'Afrique du Sud au siècle dernier, ils ont réussi à se reproduire là où il n'y a ni herbe ni eau et où la température au sol atteint 70 °C l'été et descend à - 5 °C la nuit.

Pourquoi dit-on qu'Anne Becker était une amazone téméraire ?

En 1950, Anne Becker est partie en solitaire d'Argentine, son pays natal, pour rejoindre Ottawa, capitale du Canada. Elle parcourut 16 814 kilomètres avec ses deux chevaux en quatre ans ! Durant son incroyable périple, elle dut faire face dans les Andes aux attaques des condors, les plus grands rapaces du monde, et dans la jungle à celles des brigands et des braconniers. Ses chevaux l'ont pourtant amenée saine et sauve à son but.

INCROYABLE !

Deux cavalières ont chevauché le long du Nil en 1982 (d'Égypte au Soudan) sans savoir qu'une de leurs juments était pleine. Le poulain est né en cours de route et a continué le voyage !

Crédits photographiques

Page 7 : © Prest edit / G. Buthaud ; **Page 9** : © Prest edit / B. Langrish ; **Page 11 :** © Corbis / B. A. Vikander ; **Page 13 :** © Corbis / B. Mays ; **Page 15 :** © Corbis / D. Stoecklein ; **Page 17 :** © Prest edit / A. Laurioux **Page 19 :** © Sunset / G. Buthaud ; **Page 20 :** © Prest edit / A. Laurioux (pur sang arabe) – Prest édit / C. Slawik (anglo-arabe) ; **Page 21 à Page 23 :** © Prest edit / C. Slawik ; **Page 24 :** © Prest edit / C. Slawik (percheron et shire) – Biosphoto / J.L et F. Ziegler (comtois) ; **Page 25 :** © Corbis / Y. A. Bertrand (boulonnais) – Biosphoto / J.L. Klein & M. – L. Hubert (cob) – Prest edit / F. Chehu (mulassier) ; **Page 26 :** © Biosphoto / G. Van Langenhove (welsh) – Prest edit / C. Slawik (shetland) ; **Page 27 :** © Prest edit / C. Slawik (connemara et dartmoor) – Biosphoto / RF Company (fjord) ; **Page 28-29 :** Press édit / C. Slawik (haflinger et new forest) - Biosphoto / C. Rioso (poney Islandais) / I. Arnon (poney français de selle) B. Langrish / (criollo) – Biosphoto / J. Bildarchiv (merens) **Page 31 :** © Prest edit / G. Buthaud ; **Page 33 :** © Sunset / B. Langrish ; **Page 35 :** © Prest edit / G. Buthaud ; **Page 37 -39 :** © Prest edit / C. Slawik ; **Page 41 :** © Biosphoto / J.-L. Klein & M.-L. Hubert ; **Page 43 :** © Prest Edit / A. Laurioux ; **Page 45 :** © Prest edit / C. Slawik ; **Page 47 :** © Sunset / J. Bildarchiv ; **Page 49 :** © Biosphoto / Claudius Thiriet ; **Page 51 :** © Sunset / J. Bildarchiv ; **Page 53 :** © Biosphoto / C. Girard ; **Page 55 :** © Sunset / G. Buthaud ; **Page 57-59 :** © Prest edit / A. Soumillard ; **Page 61 :** © Sunset / G. Buthaud ; **Page 63 :** © Prest edit / I. Arnon ; **Page 65 :** © Sunset / J. Bildarchiv ; **Page 67 :** © Prest edit / A. Struwer ; **Page 69 :** © Prest edit / A. Laurioux ; **Page 71 :** © P. Simon ; **Page 73 :** © Prest edit / I. Arnon ; **Page 75 :** © Prest edit / A. Laurioux ; **Page 77 :** © Prest edit / P. Desrousseaux ; **Page 79 :** © Prest edit / A. Laurioux ; **Page 81 :** © Biosphoto / F. Decante ; **Page 83-85 :** © Poney cheval nature ; **Page 87 :** © Prest edit / G. Buthaud ; **Page 89 :** © Prest edit / A. Laurioux ; **Page 91 :** © Sunset / J.M Fichaux ; **Page 93 :** © Prest edit / A. Laurioux ; **Page 95 – 97 :** © Biosphoto / J. Bildarchiv ; **Page 99 :** © Prest edit / F. Chehu ; **Page 101 :** © Sunset / B. Langrish ; **Page 103 :** © Corbis / L. Mason ; **Page 105 :** © Bioshoto / D. Bringard ; **Page 107 :** © Prest edit / A. Soumillard ; **Page 109 :** © Destinations Corbis ; **Page 111 :** © Prest edit / A.S Flament ; **Page 113 - 115 :** © Press édit / G. Buthaud ; **Page 117 :** © Prest edit / F. Chehu ; **Page 119 :** © Corbis Sygma ; **Page 121 :** © Biosphoto / C. Thiriet ; **Page 123 :** © Cheval Spectacle ; **Page 125 :** © D.R.